꿈이라
말하지
　마라

꿈이라 말하지 마라
꿈은 세우는 것보다 실천이 중요하다

초판 1쇄 인쇄 2015년 12월 25일
초판 7쇄 발행 2025년 03월 07일

지은이 김성관
펴낸이 유승용
디자인 조은진, 김진디자인
교　열 최귀열
표지사진 김성호

발행처 ㈜리더피아
출판신고 2015년 05월 14일 제 2024-000056 호

주소 서울특별시 서대문구 연희로 41다길 48-12
전화 (02) 6959-9326
이메일 happy@leaderpia.com
홈페이지 www.leaderpia.com

ⓒ 2015 김성관
ISBN 979-11-956590-0-5　　03320

* 이 책은 저작권법에 따라 보호받는 저작물이므로 무단전재와 복제를 금하며,
  책 내용의 전부 또는 일부를 이용하려면 반드시 저작권자와 ㈜리더피아의 서면 동의를
  받아야 합니다.
* 잘못된 책은 구입처에서 바꾸어 드립니다.
* 책값은 뒤표지에 있습니다.

국내 유일의 CEO 리더십 방송
LEADER TV

꿈은 세우는 것보다
실천이 중요하다

꿈이라 말하지 마라

김성관 지음

모두가 리더 되는 행복한 세상
LEADERPIA

― 프롤로그 ―
꿈과 희망이 넘치는
세상을 고대하며

"성공은 높은 자리에 오르는 것이 아니라 얼마나 많은 장애물을 뛰어넘었느냐에 따라 결정된다."

젊은 시절부터 이순耳順을 넘어 지금까지 살아오는 동안 늘 가슴속 깊이 새기고 있는 말이다. 가만히 되돌아보면 내가 겪은 지난 세월의 난관들은 도전과 희망의 불꽃을 키워주는 장작이었다. 학업을 위해 맨몸으로 상경한 후 당장의 끼니와 숙박을 걱정하던 청소년기를 보내면서도 나는 단 한 번도 포기하거나 절망하지 않았다. 부단히 학업에 힘쓰며 내 꿈을 찾아나가는 데 주력했다. 주경야독晝耕夜讀은 시간과의 싸움이었고 육체적, 정신적으로 힘들었지만 목표 달성을 위한 의지가 있었기에 극복할 수 있었다.

학업을 마치고 맨주먹으로 사업체를 설립한 이후에도 극복해야 할 장애물은 여전히 많았다. 지역 차별, 부족한 자본, 불확실하고 다변화하는 시장상황 등 사업을 영위하는 데는 커다란 한계 요소들이 많았다.

하지만 행복한 미래에 대한 꿈은 나를 열정적인 사람으로 살도록 이끌었다. 원칙을 지키는 가운데 끊임없이 변화하고 발전하려 애쓴 덕분이었는지 자그마한 결실들이 하나 둘씩 맺히기 시작했다.

1990년대 초 회사의 재무적 기틀을 다진 후에는 '좋은 회사'를 만들겠다는 목표를 달성하기 위해 조직 구성원 모두와 함께 도전해왔다.

물론 삼진일렉스의 이 같은 도전이 언제나 환영만 받은 것은 아니었다. 전기공사 전문업체들 중 최초로 정도·윤리 경영을 선포했을 때, ERP 전사적 자원관리 시스템 구축을 위해 노력했을 때나 자체 기술연구소를 설립했을 때, 다양한 국제인증을 취득해 이를 경영시스템에 녹여내려 노력했을 때도 마찬가지였다. 언제나 반대는 존재했다. '뱁새가 황새를 따라가는 것이 불가능한 것처럼 중소기업이 대기업의 시스템을 모방해봐야 돈만 낭비하게 될 것'이라는 비판이 끊이지 않았다.

하지만 우리 삼진일렉스는 끊임없이 도전하고 극복해왔다. 그 결과 기업 규모의 성장은 물론 높은 효율성과 생산성이 가능한 경영시스템을 구축할 수 있었다고 감히 자평한다. 모든 기업 구성원의 노력, 즉 '혁신'을 통해 성취한 결실이 '좋은 기업'을 지향하는 삼진일렉스의 가장 큰 자산이자 힘으로 자리 잡고 있다고 자부한다.

나는 정도·윤리 경영을 실천해오지 않았더라면 현재의 삼진일렉스는 없을 것이라 단언하곤 한다. 고교를 졸업하고 서울시 공무원으로 세상에 발을 내민 이후 기업을 경영하고 있는 지금까지, 나는 늘 원칙을 지키기 위해 노력했다. 때론 주변으로부터 '융통성이 없다'거나 '고지식하다'는 소리를 듣기도 했다. 하지만 언제나 정의는 살아 있다고 믿었다. 지금은 더디더라도 결국 모든 것은 올바른 방향으로 흘러가게 돼 있다고 믿었다. 그래서 당장의 편법으로 얻을 수 있는 성장보다는 원칙을 지켜 신용을 얻는 것을 중요하게 생각하고, 이를 위해 노력했다. 현재 삼진일렉스가 많은 이들로부터 신뢰와 믿음을 얻을 수 있었던 이유는 다행스럽게도 이 같은 진정성이 받아들여진 덕분이라고 생각한다.

누구에게나 글로 남기고 싶은 자기만의 소중한 사건들과 인생이 있을 것이다. 하지만 소시민이자 사업가로서 특별할 것도 없는 내 삶의 궤적을 남에게 드러내기로 마음먹기까지는 많은 용기가 필요했다. 문장력이 탁월하지도 않고, 큰 성공을 거둔 인물도 아니라는 점을 나 스스로도 잘 알기 때문에 더욱 큰 용기가 필요했다.

이랬던 내가 펜을 들게 된 동기 중 하나는 대한민국의 미래를 짊어질 현재의 대학생들과의 만남이었다. 삶의 무게에 짓눌려 꿈을 잃어가고 있는 젊은이들에게 꿈은 소중한 것이라 말해주고 싶었다. 또한 나처럼 모든 것이 부족한 사람도 꿈을 향해 달려왔고, 앞으로도 달릴 것이라고 말해주고 싶었다. 창의력과 열정을 품은 젊은이들이 해낼 수 있다는 자신감을 가지고 대한민국을 이끌어가는 좋은 리더로 성장해주길 기원한다.

이 책은 남은 인생 동안 전기공사업계 발전을 위해 노력하고자 하는 다짐이기도 하다. 비록 두서없이 쓴 글이지만 지난 반세기 동안 현장에서 살을 비비며 살았던 한 경영자의 봉사활동이라 받아들여주신다면 감사한 마음 그지없을 것이다. 어렵고 힘든 상황에 봉착해 있는 업계 종사자들이 내 이야기를 통해 힘과 용기를 얻고 아주 작은 지혜라도 얻을 수 있다면 더없이 영광스러울 것이다.

전기공사업을 하는 기업과 기업인, 기술자 등 업계 식구들이 여타의 산업계로부터 높은 평가와 존경을 받는 풍토를 만들기 위해서는 우리 스스로의 노력이 중요하다. 특히 우리 전기공사업계 역시 정도·윤리 경영에 충실한 기업이 많은 집단이 돼야 한다고 생각한다. 전기공사업계를 발전시킬 혁신방안과 미래를 책임질 차세대 주자들을 위한 조언 아닌 조언도 담았다.

'타인이 나를 도와준 기억은 대리석에 새기고, 내가 도와준 것은 바닷가 모래 위에 쓰라'는 말이 있다. 불민하고 부족한 점이 많은 나를 곁에서 지켜보면서 언제나 든든한 응원군이 되어주신 분들이 많다. 인생과 사업의 멘토로 여기는 많은 분들은 물론 업계의 선후배들, 밤낮없이 열정적으로 일에 매진해온 삼진의 가족들도 마찬가지다.

세상을 살면서 깨우친 이치 중 하나가 '세상은 나 혼자 살아온 것이 아니라 더불어 산 것'이라는 점이다. 나를 둘러싼 모든 분들의 애정이 현재의 나와 삼진일렉스를 만들었다고 믿는다. 그 모든 분들을 기억하고 빠짐없이 감사를 표하는 것이 내가 살아 있는 동안의 도리라 생각한다.

또한 갑남을녀甲男乙女보다는 조금 더 가지고 갖추었으니 국가, 사회,

그리고 우리 전기공사업계에 진 빚을 갚기 위한 일을 해야 한다고 생각한다.

지금까지 다사다난했던 삶의 여정에서 언제나 든든히 나를 지켜주었고, 끝까지 원고를 마칠 수 있도록 용기를 준 아내와 세 딸, 그리고 언제나 내 마음속의 연인으로 남아 있는 어머님께 감사드린다.

학창시절부터 지금까지, 보다 훌륭한 인성을 지닌 사업가가 될 수 있도록 지도해주신 정동혁 선생님, 김기영 삼일문화재단 이사장前 광운대 총장님, 사업을 하는 과정에서 물심양면으로 도와주신 분들, 어려울 때마다 힘이 되어주신 선후배님들, 신뢰를 가지고 나를 지켜봐주신 거래처의 모든 분들께도 깊은 감사를 드린다. 일일이 거명치 못한 점이 송구스러울 따름이다.

지난 31년간 삼진일렉스의 성장을 위해 함께 애써온 임직원 및 가족분들께도 커다란 감사의 인사를 드린다. 아울러 출간을 위해 아낌없는 조언을 해준 국내 유일의 리더십 전문지 〈리더피아〉 편집팀 등 이 책을 위해 도움을 준 모든 이들께도 감사의 인사를 전한다.

2015년 12월, 논현동 집무실에서
김성관

CONTENTS

프롤로그_ 꿈과 희망이 넘치는 세상을 고대하며 · 4

극복

아이스께끼 완판 대작전 · 15
실패는 잊되 원인은 기억하자 · 23
1cm 차이로 공무원이 되다 · 28
소인小人은 오직 이익만 좇는다 · 33
왜 슬픈 예감은 틀린 적이 없나 · 40
해결사(?)도 감동시킨 역경의 삶 · 47

도전

내가 얼리어답터가 되려는 이유 · 59
손해 보더라도 피해를 주지 않는다 · 67
진정한 리더십을 생각하다 · 73
기술은 생명이다 · 81
사회적 공헌은 운명이다 · 86
자연을 닮은 사람이 되고 싶다 · 91

3장 선택

꿈으로 길을 선택하라 · 97
이 호텔 공사 안 하시려고요? · 105
도전과 도박의 차이 · 113
버림으로써 내일을 얻는다 · 120

4장 비밀

"여보! 매운탕 좀 끓여요" · 129
사람은 큰 나무 아래서 큰다 · 136
3번의 사표 · 141
골프를 통해 본 사람 · 148
능력 없으면 대주주로 남아라! · 153
올라갈 때 못 본 꽃 · 159

5장 희망

난 당신을 믿어요! · 165
어머니, 목소리만 들어도 가슴 떨리는 · 170
신문팔이 학생이 바라본 세상 · 175
희망을 준 사람들, 상처를 주는 말 · 181
인생을 걸 만한 목표를 세워라 · 189
후손에게 물려줄 가장 큰 유산 · 197

6장 미래

미래를 책임질 3가지 '진심眞心' · 205
협력할 수 있어야 인재다 · 210
살아도 그릇 살면 죽음만 같지 않다 · 217
사람이 다치는 사업은 안 돼! · 225
상생 경영으로 파이 키워야 · 231
내 인생의 마지막 사명 · 237

1장

극복

잡초, 들풀과도 같은 인생.
아무 데나 잘 자란다.
생명력이 강하다.
쓸모가 없는 것 같으나
쓸모가 있다.
내 인생의 어려웠던 시절,
나는 잡초와 들풀처럼
힘악한 삶의 현장에서
강인한 생명력으로
살아남을 수 있었다.

잡초, 들풀과도 같은 인생.
아무 데나 잘 자란다.
생명력이 강하다.
쓸모가 없는 것 같으나 쓸모가 있다.
내 인생의 어려웠던 시절,
나는 잡초와 들풀처럼
험악한 삶의 현장에서 강인한 생명력으로
살아남을 수 있었다.

아이스깨끼 완판 대작전

　　　　　　　　　세계화와 무한경쟁이 일반화된 분위기 때문인지 온 사회가 '꿈'과 '열정', '도전'과 '극복'을 강조하는 분위기다. 사실 이를 지속적으로 실천하기란 말처럼 쉽지 않다. 열정은 환경에 의해 시나브로 시들기 쉽고, 실패의 경험은 기쁜 마음으로 도전하려는 사람의 의욕을 가로막기 일쑤다. 특히 자신이 꾸었던 꿈에 대해 타인으로부터 '허무맹랑하다'는 요지의 평가를 받으면 기가 죽기 마련이다. 이럴 경우 스스로의 변화와 발전을 위한 동력動力이 떨어진다.

　이 같은 좌절을 하는 이유는 모두 '왜'라는 질문에 대한 답을 스스로 찾지 못하기 때문이다. '열정'과 '도전'이 지속성을 가지기 위해서는 내가 왜 이 일을 하는지, 내가 왜 그런 목표를 세웠는지에 대한 물음에 자신감 있게 답할 수 있어야 한다. 요즘 흔히 언급되는 '업의 본질' 역시 결국엔 '무엇을What'과 '어떻게How', 그리고 '왜Why'에 대한 답을 모두 찾았을 때 비로소 깨달을 수 있는 것 아닐까?

　돌이켜보면 나는 청소년기를 '무엇을What'과 '어떻게How'에 집중하며 보냈다. 어떻게든 성공해 곤궁한 가정형편에서 벗어나기를 간절히 원했고, 남들에게도 존경받는 성공을 이뤄내고 싶었다. 그렇게 하기 위해 내가 선택할 수 있는 건 오직 공부를 열심히 하는 방법밖에 없었다.

나는 가정형편이 어려워서 초등학교를 졸업한 후 곧바로 중학교에 진학하지 못했다. 물론 중학교 교복을 입고 학교에 다니는 친구들이 부럽긴 했지만, 중학교 3년 동안 필요한 학비를 1년 안에 다 마련하고 나서 중학교에 들어가 열심히 공부하리라 마음을 다독였다. 당시는 일류 중학교에 입학하려고 재수를 하는 아이들도 있었기 때문에 '형편상 1년 늦게 출발하지만 내 힘으로 중학교에 입학해 당당히 1등을 하겠다'고 스스로를 독려했다.

목표가 정해지자 돈을 벌기 위한 내 발걸음도 바빠졌다. 여름에는 아이스깨끼를 팔았고 겨울에는 찹쌀떡과 쌍화탕을 팔았다. 장날에 비누를 팔기도 했다. 돈을 벌 수 있는 것이라면 무엇이든 팔았다.

남과 다른 길을 가다

초등학교를 졸업한 해 여름에는 아이스깨끼 통을 메고 거리로 나섰다. 당시엔 지금처럼 질 좋은 아이스크림이나 청량음료가 없었고, 물에 사카린 등 단맛이 나는 물질을 섞어 얼린 얼음과자인 아이스깨끼가 여름철 인기 상품이었다. 당시 내가 살던 영광군에서 유일하게 아이스깨끼를 제조하던 '일신당'의 제품도 마찬가지였다.

사람들에게 아이스깨끼를 파는 일은 생각만큼 쉽지 않았다. 처음에는 아이스깨끼 통을 메고 영광 읍내를 돌며 팔았는데, 첫날은 쑥스럽기도 하고 혹시 아는 사람을 만나지나 않을까 하는 마음에 조마조마하며 하루를 보냈다. 특히 또래 친구들이 하교하는 시간에는 그들과 마주치지 않으려고 피해 다니곤 했다.

아이스깨끼를 팔려고 처음 읍내를 누빈 그날, 내가 얼마를 벌었는지는 정확하게 기억나지 않는다. 다만 집으로 돌아오는 길에 그날 번 돈을 탈탈 털어 쌀을 사니 채 한 되가 안 되었다는 것만은 똑똑히 기억한다. 그래도 마음은 하늘을 나는 것 같았다. 아버지가 돌아가셔서 내가 가족을 책임져야 한다고 생각하던 시절이라 내가 번 돈으로 식구들에게 하얀 쌀밥을 먹일 수 있다는 사실 그 자체가 무척 기뻤고 절로 가슴이 뿌듯해졌다. 나는 걸음을 재촉하며 집으로 돌아가서 어머니에게 기쁜 마음으로 쌀 봉지를 건넸다. 그런데 어머니는 한없이 눈물만 흘리셨다. 교복을 입고 중학교에 다녀야 할 어린 아들이 아이스깨끼를 팔아 마련한 돈으로 쌀을 사 왔으니 억장이 무너질 만큼 마음이 아프셨던 것 같다. 하지만 어린 동생들은 이미 흰 쌀밥을 입안에 가득 머금은 듯 기뻐하며 눈빛을 반짝였다. 눈물을 흘리시는 어머니와 기대에 부푼 동생들의 모습을 보니 나도 모르게 눈물이 났다.

아이스깨끼를 팔아 번 돈으로 온 가족이 흰 쌀밥을 배불리 먹은 그날 저녁, 나는 깊은 고민에 빠졌다. 바로 '어떻게 파느냐' 하는 것이었다. 당시 읍내에서 아이스깨끼를 파는 아이들은 나 말고도 여럿 있었는데, 모두 목 좋은 곳에 앉아서 오는 손님을 기다리거나 읍내의 큰길을 다니며 팔았다. 그런데 그 아이들 중에 일신당에서 하루 배당받은 물량을 모두 파는 아이가 거의 없었다. 10개를 팔아야 2개 값이 내 수중에 들어오는데 이렇게 장사를 해서는 학비 마련의 길이 요원해 보였다. 무언가 매출을 늘릴 수 있는 다른 방법을 찾아야 했다.

이리저리 궁리를 하던 어느 날 밤 불현듯 '아이스깨끼 통을 다 비우려면 아이스깨끼 장수가 찾지 않는 지역에 가서 팔아야 한다'는 생각이 떠올랐다. 그러자 아이스깨끼를 판매하는 읍내의 모든 동네가 지도를 펼친 듯 머릿속에 생생하게 떠올랐다. 주변의 산동네에는 아이스깨끼를 파는 장수가 아무도 없다는 사실이 머리를 스치고 지나갔다. 돈이 아무리 없어도 자녀가 조르면 아이스깨끼를 사 주곤 하던 여느 부모의 모습도 떠올랐다. 생각이 여기까지 미치자 아이스깨끼 통을 메고 산동네를 올라가려면 힘은 좀 들지는 몰라도 가져간 물건은 모두 팔 수 있을 것 같았다. 그리고 그렇게만 된다면 중학교 3년 동안의 학비를 모으는 건 아무 문제가 없을 듯했다.

다음 날 오전, 나는 아이스깨끼가 가득 든 통을 메고 산동네로 올라갔다. 이마의 땀은 아무리 쓸어내려도 계속 흘렀고, 산동네에 도착했을 때는 온몸이 땀으로 흠뻑 젖어 있었다. 하지만 아랫배에 힘을 주며 '아이스깨끼' 하고 크게 외쳤다. 아이들이 슬슬 모여들기 시작했고, 아이스깨끼는 날개 돋친 듯 팔렸다. 내 예상이 적중한 것이었다. 그동안 아무도 찾지 않던 산동네에 등장한 아이스깨끼는 그야말로 없어서 못 팔 지경이었다. 반나절 만에 가져간 아이스깨끼를 모두 팔아치웠다. 첫 완판이었다.

산동네를 내려오는 길은 시원했다. 불룩해진 주머니와 빈 아이스깨끼 통을 번갈아 쳐다보며 내딛는 걸음이 어찌나 가볍던지. 구불구불한 비탈길을 어떻게 내려왔는지 모를 만큼 빠르게 읍내에 도착했다.

며칠 후 나는 아이스깨끼 판매 전략에 한 가지 아이디어를 더했다. 아이스깨끼 값을 음료수 빈병으로도 받는 것이었다. 당시에는 아이스깨끼의 원가가 워낙 낮아서 빈병이 더 값어치 있게 느껴질 정도였다. 가게에서는 아이스깨끼 1개 값으로 빈병 1개를 받았었다.

물론 훨씬 더 고생스러웠지만 그에 따른 대가는 더없이 만족스러웠다. 오전에 아이스깨끼가 가득 든 통을 메고 산동네에 올라갔다가 오후에는 빈병이 가득 담긴 자루를 들쳐 메고 내려오는 날이 많았다. 그러다 보니 오후 3시가 되기 전에 아이스깨끼를 모두 팔아치웠고, 자연스레 또 다른 돈벌이를 찾을 수 있는 시간을 벌게 되었다.

어느 날, 나를 자식처럼 사랑해주시던 일신당 사장님이 내게 물었다.
"넌 어떻게 하기에 아이스깨끼를 그리도 빨리 파니?"

사장님은 여느 아이들과 달리 얼음과자를 매일 완판하는 나만의 비법이 무언지 물었다. 나는 그저 "무진장 열심히 팔았어요"라고만 대답했다. 왜 그렇게 대답했는지는 정확히 기억나지 않지만, 빨리 학비를 마련해야겠다는 조바심에 내가 개척한 황금어장을 남과 나누고 싶지 않기 때문이었던 것 같다.

목표가 명확하면 실천은 따라온다

'나도 저렇게 큰 자전거를 몰고 다니면 학비를 더 빨리 모을 수 있을

텐데.'

내가 아이스깨끼를 팔던 시기에 큰 자전거를 몰고 다니며 아이스깨끼를 파는 어른들은 그야말로 부러움의 대상이었다. 어른들은 아이스깨끼를 자전거에 500개 이상 싣고 읍내를 벗어나 경쟁자가 거의 없는 '면'으로 가서 팔았다. 하지만 어른보다 몸집이 작고 힘도 세지 않은 내게 자전거는 그림의 떡에 지나지 않았다. 나는 빠른 시간 안에 매출을 많이 올릴 수 있는 다른 돈벌이를 찾으려고 늘 주변을 살폈고, 그래서 대나무로 만든 비닐우산을 팔기로 결심했다.

그동안 아이스깨끼를 팔면서 한낮에 소나기가 내리면 사람들이 이곳저곳으로 뛰어다니며 비닐우산을 사는 것을 보았고, 그때마다 우산장수가 비닐우산이 동나서 못 파는 것을 수없이 보아왔기 때문이었다. 그래서 비닐우산을 미리 확보해두었다가 소나기가 내릴 때 팔면 매출을 더 많이 올릴 수 있을 것이라는 확신이 들었다.

이후 나는 아이스깨끼와 비닐우산을 동시에 파는, 요즘 말로 투 잡 two job의 세계로 과감하게 뛰어들었다. 소나기가 올 것 같은 날이면 아침 일찍 우산집으로 가서 내가 팔 비닐우산을 미리 빼놓았다. 그리고 비가 오기 시작하면 우산집에 아이스깨끼 통을 맡겨두고 비닐우산을 팔았고, 비가 걷히면 다시 아이스깨끼를 팔았다.

여름이 지나자 계절 장사인 아이스깨끼 장사도 끝났다. 가을이 되자 나는 궁리 끝에 5일장이 서는 날, 장터로 나가 노상에 덕석을 깔고 비누장사를 해보았다. 하지만 벌이는 신통치 않았다. 겨울에는 찰떡장사를 했다. 여름 장사처럼 벌이는 좋지 않았지만 밤 12시 경찰서 통금 사이렌 소리가 나기까지 추운 동네 눈길을 열심히 뛰어다녔다. 여름에 아이스깨끼를 팔 때처럼 다른 사람이 다니지 않는 외진 지역을 찾아다녔다. 달빛이 없는 그믐 때쯤은 온 세상이 칠흑처럼 어둡고 발목이 빠지는 흰 눈길을 걷다보면 때때로 공포를 느낄 때도 많았다. 귀신이 내 뒤를 따라오는가 싶어서 힐끔힐끔 뒤돌아보기도 하고 무서움을 이기려고 "찰떡 사세! 찰떡 사세!"를 목이 터져라 외쳐댔다. 장사가 끝나는 시간이면 따뜻했던 찰떡이 돌처럼 얼어서 찰떡 모판 속에서 이리저리 뒹굴어 다녔다.

 이렇게, 나는 그야말로 안 팔아본 것이 없을 만큼 돈벌이에 매진한 끝에 3년 동안의 중학교 학비를 모을 수 있었다.

 지금 돌아보면 나의 유년기의 목표는 그리 구체적이거나 원대하지 않았다. 하지만 성공을 위해서는 학교를 꼭 졸업해야 하고, 또 우수한 성적으로 학업을 마쳐야 한다는 강한 인식은 갖고 있었다. 내가 오직 식구들을 돌봐야 한다는 의무감만으로 돈을 벌었다면 그처럼 억척스럽게 일하지 못했을 것이다. 반드시 진학을 해야 한다는 뚜렷한 목표를 정해두었기에 한눈팔지 않고 돈을 버는 일에 매진할 수 있었다. 또, 돈을 벌려고 하루 종일 이리저리 뛰어다녀서 몸이 천근만근 무거워도 하루도 빠지지 않고 무료 야학 교실에 나간 건 분명한 목표가 있었기에 가능했다고 생각한다. 피곤함을 이기지 못해 조는 시간도 많았지만 말이다.

 청소년기에 세운 목표는 세월이 흐르고 내가 성장해가면서 조금 더 크고 넓은 목표로 자연스레 바뀌어갔다. 그리고 그렇게, 한 단계씩 높아지는 목표를 달성하기 위해 매일을 충실하게 살아온 발자국이 모여 지금의 나와 삼진일렉스를 만들었다고 믿는다.

실패는 잊되 원인은 기억하자

초등학교 졸업 후 힘들게 일해서 마련한 돈으로 이듬해에 중학교에 입학했다. 하지만 집안 형편은 조금도 나아지지 않았다. 900여 평의 텃밭에서 난 농산물을 장에 내다팔거나 이따금 어머니와 함께 사방공사 현장에 나가 받은 품삯이 우리 집 수입원의 전부였다. 내가 주도해서 돈을 벌 수 있는 안정적인 수입원이 필요했다.

내 일생에서 첫 번째 사업은 이 같은 필요에 의해 계획됐다. 물론 중학교 2학년 때였으니 딱히 사업이라 할 것도 없는 수준이었다. 하지만 내겐 잘되면 온 가족이 편안하게 먹고살 수 있을 거라는 기대를 품게 한 매우 큰일이었다.

당시 우리 집에는 매일 달걀을 낳아주는 소중한 닭 4마리가 있었다. 어머니는 이 닭들이 낳은 달걀을 날마다 거둬 고이 모셔두었다가 5일장이 설 때마다 노상에서 잡곡 등과 함께 내다팔았다.

어느 날 문득, 닭을 더 많이 키워서 달걀을 내다팔면 어머니가 힘겹게 노상露商을 하지 않아도 된다는 생각이 머리를 스쳤다. 병아리를 살

돈도 없는 처지였지만, 급한 마음에 집 뒤편 대나무 숲에서 대나무를 베어다 닭장을 만들고, 진흙을 블럭 모양으로 만들어 굳힌 후 닭 100여 마리를 키울 수 있는 자그마한 양계장부터 만들었다. 완성하고 보니 제법 그럴 듯했다.

문제는 병아리를 살 돈을 구하는 것이었다. 누구에게 돈을 빌려본 적도 없고 학교 수업이 끝나면 농사일을 하고 밤에는 공부를 해야 했기에 병아리를 구입할 돈을 따로 벌 시간도 없었다. 이런저런 궁리 끝에 나는 수학여행비를 돌려받아야겠다고 마음먹었다.

당시 내가 다니던 중학교는 수학여행비를 등록금에 포함해서 받았다. 혹 가정형편이 좋지 않은 친구들이 수학여행을 가지 못하는 상황을 막기 위해 미리 여행비를 거둔 것으로 짐작된다.

수학여행에 대한 기대와 호기심이 없는 건 아니었다. 하지만 닭만 잘 키준다면 어머니가 5일장을 찾아다니며 노점상을 하지 않아도 될 테고 그렇게만 되면 더 바랄 게 없을 것 같았다. 나는 용기를 내어 담임 선생님을 찾아갔다.

"선생님 저는 수학여행을 가지 않을 테니 납부한 수행여행비를 돌려주십시오."

선생님은 당황스러운 표정으로 나를 쳐다보시더니 단번에 거절하셨다. 나는 끝까지 포기하지 않고 선생님께 여행비 반환을 요청했다. 마침내 선생님이 내게 물으셨다.

"도대체 그 돈으로 무얼 하려는 게냐?"

순간 선생님의 말투에서 돈을 돌려받을 수도 있겠다는 희망이 보였다. 나는 어려운 집안형편과 나의 계획을 선생님께 담담하게 이야기했다. 선생님은 내 이야기를 끝까지 다 들으시더니 기꺼이 수학여행비를 돌려주셨다. 나는 아직도 그 돈이 선생님의 지갑에서 나왔는지 아니면 학교에서 반환해준 것인지 모른다.

돌려받은 수학여행비를 들고 5일장이 열리는 첫날 득달같이 읍내로 달려갔다. 그러고는 병아리보다 조금 더 자란 닭 40여 마리를 구입했다.

닭들을 상자에 넣어 집으로 돌아올 때는 머릿속에 밝게 웃는 어머니와 동생들 모습이 스쳐갔다.

'이제 이 녀석들을 잘 키워 매일 쏟아내는 계란을 받아서 팔기만 하면 돼. 그동안 시장으로 팔려나가는 달걀을 바라보기만 한 동생들도 이젠 삶은 달걀이나 계란찜을 가끔 먹을 수 있을 거야. 그럼 내가 서울로 올라가 고등학교를 다녀도 어머니와 동생들 걱정은 크게 하지 않아도 되겠지.'

집에 도착하자마자 미리 만들어둔 닭장에 어린 닭들을 풀어놓았다. 닭 40마리가 닭장 속에 옹기종기 들어 있는 것을 보니 밝은 미래가 손에 잡힐 듯 가까이 있는 듯했다.

닭은 무럭무럭 자랐다. 그리고 자란 만큼이나 먹성도 좋아졌다. 동네 어르신들은 닭을 잘 키우려면 잘 먹여야 한다고 일러주셨다. 나는 들에 나가 개구리를 잡아다 닭에게 사료 대신 먹이기 시작했다. 그런데 닭이 커나가자 내가 잡아야 할 개구리도 점점 더 늘어났다. 혼자 힘으로는 도저히 감당할 수가 없었다. 궁리 끝에 나는 동네 꼬마들을 불러 모았다. 그러고는 개구리를 쉽게 잡는 방법을 가르쳐주면서 거래를 맺었다.

"우리 집 마당에 감나무 보이지? 개구리를 잡아오면 저 감을 주마."

신이 난 아이들은 매일 개구리를 잡아 와서 단감으로 바꿔갔고, 맘껏 개구리를 먹은 닭들은 몸집이 하루가 다르게 늘어나더니 어느새 중닭으로 훌쩍 자랐다.

어머니가 편히 쉬시고 동생들도 배불리 먹일 수 있는 날이 눈앞에 다가온 듯했다. 하지만 이 모든 것이 한여름 밤의 꿈이었을까? 예상치 못한 먹구름이 다가오고 있었다.

어느 날 학교에서 돌아와 보니 닭 서너 마리가 시름시름 앓는 눈치였다. 깜짝 놀란 나는 앓는 닭을 얼른 다른 곳으로 옮겼다. 하지만 날이 갈수록 닭들이 시름시름 앓았고 급기야는 20마리가 넘는 닭이 죽어버렸다. 돌림병이 돌았던 것이다. 나는 남은 닭을 이웃에게 나눠주고 양계사업을 접었다.

양계사업이 실패로 끝난 후 제일 가슴이 아팠던 것은 어머님을 편히 살게 해드리지 못했다는 것이다. 서울로의 수학여행까지 포기하며 벌인 사업인데 소득 하나 없이 끝났으니 억울함도 이만저만이 아니었다. 한동안 허탈한 마음을 떨칠 수가 없었다.

일주일쯤 지나자 '도대체 왜 이렇게 됐나'라는 의문이 들었다. 닭장이나 먹이의 종류에만 정신을 팔다보니 정작 성패의 핵심인 닭에 대한 지식이 부족한 것이 실패의 원인이었다. 돈을 벌 생각만 했지 돈을 벌기 위한 구체적인 준비가 부족했던 것이다.

내 인생 첫 사업은 실패로 막을 내렸지만 그 경험은 나를 더욱 단단한 사람으로 만들어주었다. 새로운 일을 시작할 때는 무엇보다 철저한 준비가 필요하고, 준비가 부족하면 욕심을 내지 말아야 한다는 값진 교훈을 얻었다.

    실패는 누구나 할 수 있다. 하지만 좌절하지 말고 최선의 노력을 다해 극복할 때에야 비로소 성공의 길로 나아갈 수 있다는 것을 알게 되었다. 실패한 이유는 꼼꼼히 챙기되 내가 실패했다는 사실은 재빨리 잊어야 한다는 것도 깨달았다.

1cm 차이로 공무원이 되다

누구나 살아가면서 성공의 즐거움과 함께 크고 작은 어려움을 겪기 마련이다. 보통 주가 그래프는 고점高點과 저점低點을 주기별로 오르내린다. 미래 지향적인 목표를 세워 성실하게 노력한다면 누구든 대세 상승기의 주가 그래프처럼 장기적 관점의 평균치는 꾸준히 상승할 것이다.

물론 저점에 있을 때는 누구나 힘겹다. 문제는 난관을 극복하느냐 아니면 난관에 굴복하느냐. 인생에서 저점을 경험할 때는 일관된 자세로 이를 극복하려 노력해야 한다. 저점에서 자포자기하면 그때부터는 하향곡선을 그릴 수밖에 없다. 물론 노력하는 중에도 그래프가 더 아래로 꺾일 수 있을 것이다. 이때도 이를 극복하고자 하는 의지를 계속 유지하는 것이 무엇보다 중요하다. '성공'은 얼마나 높이 올라갔느냐 하는 것보다는 얼마나 많은 장애물을 뛰어넘었느냐를 기준으로 판가름 난다.

아이스깨끼를 팔아 가까스로 학비를 마련한 나는 중학교에 우수

한 성적으로 입학했다. 덕분에 수업료의 50%를 면제받았지만 내 신분은 학생이라기보다 농부라는 표현이 더 잘 어울렸다. 친구들은 방과 후에 읍내에서 놀기도 했지만 나는 그럴 수 없었다. 어머니와 함께 농사를 지어야 했고, 겨울이 오기 전에 수수나무와 마른 고구마줄기, 잡목을 하루에 필요한 만큼 다발로 묶어 겨울 땔감을 마련해야 했다. 늦가을이 되면 내 손은 중학생의 손이라고는 믿기지 않을 만큼 거칠어졌고 몸은 쇠약해졌다. 그럴수록 나는 매일 새벽에 뒷산에 올라가 자기최면을 걸었다. 내 목소리는 새벽하늘의 메아리가 되어 신선한 공기와 함께 내 가슴속으로 빨려 들어왔다.

"나는 해낼 수 있다~~~!"

서울에서 고학하던 고교시절에는 병마와도 싸워야 했다. 어느 날 목 옆쪽에 혹이 생기더니 점점 커졌다. 형편이 어려워 병원에 갈 엄두를 못 내다 통증이 심해서 할 수 없이 을지로에 있던 국립의료원에 찾아갔다. 진찰을 마친 의사가 놀란 표정으로 말했다.

"결핵성 임파선입니다. 왜 이 지경이 되도록 내버려두었습니까? 잘못하면 생명에도 지장을 줄 만큼 악화됐어요. 약도 약이지만 영양실조가 심하니 고깃국을 자주 먹도록 하세요."

언감생심. 건빵 한 봉지로 하루의 끼니를 때우다가 이제 겨우 라면을 끓여 먹기 시작했는데 고깃국이라니. 그날 병원에서 나와 처음으로 먹은 음식 역시 라면이었다. 내게는 라면이 고깃국과 다름없으니 그저 '고깃국이다!' 생각하며 먹었다. 면발이 목에 걸리면서 눈물이 핑 돌았다. 나는 스스로에게 최면을 걸었다.

"나는 강하다! 나는 해낼 수 있다! 나는 이겨낼 것이다!"

역경지수가 높아야

어린 시절부터 나는 성공하려면 공부를 열심히 하는 방법밖에 없다고 생각했다. 부모님 집에서 따뜻한 밥을 먹으며 학교에 다니는 친구들에 비하면 노력과 열정 외에는 아무것도 가진 게 없었던 나는 오직 공부에 매달렸다. 특히 고등학교에 다닐 때는 생활고를 해결하는 시간 외에는 온통 공부에 쏟아부었다. 수업 사이사이의 쉬는 시간도 아까워서 화장실 가는 시간을 제외하고는 오로지 책에 집중했다. 그래서인지 당시 내 별명은 책벌레였다. 두뇌가 명석한 편은 아니었지만 이러한 필사의 노력 덕분에 입학 당시 중위권이던 내 성적은 2학년이 되면서 전기과 1등으로 올라설 수 있었.

고등학교 2학년이 되면서는 육군사관학교에 진학할 계획을 세웠다. 내 현실에서 선택할 수 있는 최선의 카드였다. 학비와 숙식 걱정 없이 공부만 하면 되었기 때문이다. 그리고 나 역시 장래에 '장군이 되겠다'는 포부를 품은 수많은 남학생 중 한 명이었다.

그런데 입학에 필요한 신체조건에서 생각지 못한 장애물을 만났다. 바로 '키'였다. 당시 육군사관학교에 지원하기 위해서는 키가 162cm 이상이어야 했는데 내 키는 그 기준에 1cm가 모자랐다.

'철봉대에 자주 매달리면 관절이 늘어나 키가 좀 크려나?'

점심시간이면 수돗물로 허기를 달래면서도 악착스럽게 철봉에 매

2009년 8월 서울과학기술대학교에서 명예공학 박사학위를 받았다.

달렸지만 허사였다. 결국 키가 육사를 지원하고자 하는 내 발목을 잡았다. 나는 고교 1학년 때는 번호가 34번일 정도로 키가 작은 편이 아니었다. 하지만 3학년 때는 반에서 3번이 될 정도로 키가 자라지 않았다. 고교 2~3학년을 거치는 동안 영양실조에 걸릴 만큼 제대로 챙겨 먹지 못했기 때문일 것이다.

기준보다 1cm가 작은 키 때문에 어쩔 수 없이 육사를 포기한 이후로 한동안 좌절감에서 헤어날 수 없었다. 하지만 성공을 향한 꿈을 포기할 수는 없었다. 전공과목을 열심히 공부해나가면서 다른 길을 모색했다. 그리고 고등학교 졸업을 앞둔 겨울에 전공을 살려 서울시 기술직 공무원 시험에 응시했다. 나는 전공과목에서 만점을 받는 등 전 과목 만점에서 2문제를 맞히지 못한 성적을 거둬 차석으로 합격했다.

그동안 내가 만나온 성공한 사람들은 대부분 긍정적인 사고방식을 지니고 있었다. 이들의 특징은 성공하기 위해서 끊임없이 노력한다는 것이다. 특히 시련에 맞닥뜨렸을 때도 결코 희망을 버리지 않고 난관을 극복하려 노력하는 공통점을 가지고 있었다.

이들의 사전에는 "나는 여기까지인가?"라며 스스로를 의심하거나 "내 운이 다했나봐"와 같은 패배적인 표현은 없다. 오히려 난관을 극복하려는 의지와 미래의 희망에 도전하고자 하는 긍정적인 정신으로 중무장하고 있다. 역경을 이겨낼 수 있다는 희망을 간직하고 이를 위해 노력하는 역경지수가 높은 사람들이다.

운명론자들은 사람마다 타고난 운이 있다고 한다. 하지만 나는 운도 사람이 만드는 것이라고 생각한다. 스스로 노력하면서 준비하지 않는 자에게는 기회나 운도 찾아오지 않는다. 특히 역경지수가 낮은 사람은 인생의 성공과는 거리가 멀다.

성공과 실패가 반복될 때마다 다리의 힘이 풀어진다면 어찌 더 높은 곳을 향해 날 수 있겠는가. 스스로를 믿고 긍정적으로 생각하며 자신의 역경지수와 회복 탄력성을 높일수록 성공에 가까이 다가설 수 있을 것이다. 지면을 박차고 높이 뛰어오르기 위해서는 온몸의 힘이 필요하듯이.

소인小人은 오직 이익만 좇는다

서울시 공무원 시험에 합격한 나는 고교를 졸업한 해인 1971년 12월 1일 첫 발령을 받았다. 직함은 영등포구청 토목과 전기기원보.

공무원이 되고 나서 가장 나아진 것은 잠자리였다. 신길동에서 하숙을 했는데 서울에 상경한 이후 처음으로 방이라 할 수 있는 곳에서 혼자 마음 편히 잘 수 있었다. 박봉이지만 공무원이라는 안정적인 직업이 생기니 작은 호사도 누릴 수 있었다. 바로 라면을 내 손으로 끓여 먹지 않고 사 먹을 수 있게 된 것이다. 떡라면 맛이 일품이던 내 단골 분식집 주인아주머니는 이모처럼 푸근한 분이었다. 지금도 간혹 라면 광고를 볼 때면 따뜻하게 맞아주시던 주인아주머니가 생각나곤 한다.

당시는 공무원들의 급여 수준이 무척 낮았다. 내 첫 월급은 2만 8000원이었는데 하숙비와 출퇴근 교통비를 제하면 거의 남는 게 없었다. 설렁탕은 고사하고 점심 먹을 돈이 없어 라면이나 호빵으로 끼니를 때우는 일도 다반사였다.

공무원이 박봉에 시달린다는 것을 알아서였는지 당시는 공무원이 편의를 봐주면 사례?를 하는 민원인이 많았다. 전기 관련 계량計量과 공장등록, 전기감독 등이 주요 업무였던 내게도 유혹이 많았다. 그렇지만 나는 유혹에 조금도 흔들리지 않았다. 나는 나라를 위해 일하는 공무원이라는 강한 자부심과, '길이 아니면 가지 말아야 한다'는 강한 신념을 지니고 있었다. 공무원이 된 이상 국민의 공복 역할에 충실할 뿐 당장의 물욕에 눈이 멀어 앞길을 망치는 어리석은 짓은 하지 말자고 스스로를 다잡았다.

나는 '소인은 말과 행실에 신의가 없고 오직 이익이 있는 곳을 향해 달려간다'는 순자의 말을 수없이 떠올리며 마음에 되새겼다. 더 높은 곳에 오르려면 남들과 달라야 함은 물론이고 삶을 더 멀리 바라봐야 한다고 스스로를 다그쳤다. 덕분에 나는 이 시기에 틈틈이 학원을 다니며 5개의 전기 관련 국가기술자격증을 취득했다.

물난리와 화재사건에서 배운 **책임감**

영등포구청 토목과에 근무하면서 가장 힘들었던 시기는 1972년 여름 물난리를 만났을 때다. 당시 서울시의 각 구청 토목과는 기계전기직 중 1명을 정규직으로 고용해야 했다. 영등포구청에도 기능공은 많았지만 유수지와 수문 설비, 전기 관련한 것을 총괄해야 하는 실무책임자는 나 혼자였다.

당시 영등포구는 지금의 강서구, 동작구 등 6개 구로 분리될 만큼 지역이 광범위한 데다 상습 침수지역이 많았다. 그럼에도 당시 영등포구는 양평 유수지에 오스트리아산 450마력짜리 펌프를 6대만 운용하고 있었고, 흑석동에는 170마력짜리 2대, 지금의 목동 지역에는 수리조합용 70마력 1대, 50마력짜리 1대 등 총 10대가 전부였다. 그나마 그 펌프들도 모두 일제 강점기에 설치한 노후한 것들이었다. 집중호우가 내릴 경우 펌프를 모두 가동해도 관내가 물바다가 되는 건 불을 보듯 뻔한 상황이었다.

1972년 8월 17일부터 20일까지 태풍 베티의 영향으로 전국에 폭우가 쏟아졌다. 사흘 동안 엄청나게 쏟아진 폭우로 인해 서울은 물론이고 전국의 모든 곳에서 물난리가 났다. 당시 한 일간지는 "전국에서 529명의 사망자와 실종자가 발생했다"고 보도했다. 서울에도 불과 3시간 만에 400mm 이상 폭우가 쏟아져 170여 명이 사망하는 사고가 발생할 정도였다. 영등포에서만도 140여 명의 사상 사고가 난 것으로 기억한다.

당시 나는 관련 시설물을 총괄 관리하는 실무를 맡고 있었기에 책임이 막중할 수밖에 없었다. 태풍이 마지막으로 기승을 부리던 8월 20일, 토목과 직원들과 함께 양평동 유수지로 출동했다. 벌써 안양천이 범람해 일대는 물바다로 변해 있었다. 뚝방 쪽으로 차를 몰며 주민들을 위한 계도 방송을 하고 있는데 갑자기 곡괭이와 삽을 든 한 무리의 주민들이 살기등등한 기세로 우리 쪽으로 몰려왔다.

"공무원들이 뭐 하는 놈들이야? 왜 홍수 관리도 제대로 못하는 거야?"

"박살 내버려 그냥!"

주민들은 분노하고 있었다. 우여곡절 끝에 그 자리를 피하긴 했지만 큰 사고가 날 수도 있는 위기일발의 순간이었다. 성난 주민들의 모습에 겁은 났지만 '나도 열심히 일하고 있는데 왜 이러나…' 하는 원망의 마음은 조금도 없었다. 주민들은 수해 때문에 집이 물에 잠겼는데도 기거할 곳을 제공받지 못해 둑방에서 이틀을 보낸 상태였다. 잠도 제대로 못 자고 마실 물과 음식도 턱없이 부족한 상황에서 화를 억누르기란 쉽지 않았을 것이다. 나를 향한 그들의 분노를 이해할 수 있었고, 나라가 가난하고 물자가 부족해서 우리 국민들이 죽어나가고 고생을 한다는 생각에 가슴이 아팠다.

물난리 통에 일주일 동안을 상황실과 현장을 오가며 분주하게 보냈다. 제대로 먹지도 자지도 못하면서 현장을 정신없이 다니다보니 체력은 거의 바닥이 났고 몸은 천근만근 무거웠다.

버스를 기다리며 문득 상점 유리창에 비친 내 모습을 바라보았다. 축 처진 어깨가 유난히 눈에 들어왔다. 자랑스러운 공무원이 아니라 비에 젖은 생쥐보다 후줄근한 모습의 청년이 서 있었다. 불현듯 '내가 무엇을 위해 이렇게 사나' 하는 생각이 들었고, 그 순간 지나가는 버스 바퀴에 내 몸을 던지고 싶은 충동에 휩싸였다. 무력했다. 한참을 그렇게 서서 유리창에 비친 내 모습을 쳐다보다가 어느 순간 나는 양 손바닥으로 볼을 세차게 두드렸다. 꿈에서 깨어난 것 같았다. 다시 마음을 다잡았다.

"약하게 마음먹지 말자! 나는 주민을 위해 봉사해야 하는 공무원이니까!"

영등포구청 상공과로 자리를 옮긴 나는 전기, 공장, 계량 업무를 담당하며 2년여를 열정적으로 근무했고, 이후 중구청 산업과로 자리를 옮겼다. 현장에 나가 관내의 빌딩과 전기시설을 점검해보니 그야말로 난맥상이었다. 건물이 많은 데다 관리도 허술해 화재 등 위험 요소가 이곳저곳에 널려 있었다. 변전실 등 전력시설은 말할 수 없이 열악했고 위험시설까지 있어 이만저만 걱정스러운 게 아니었다. 얼마나 걱정이 됐던지 잠자리에 들 때 그 현장이 눈앞에 떠올라 쉽게 잠들지 못한 적도 여러 번 있었다. 그러던 중 나의 우려가 현실로 나타나는 사고가 일어나고 말았다.

조용한 새벽이었다. 나는 큰 호텔이 불타는 꿈을 꾸고 있었다. 꿈속에서 나도 아수라장으로 변한 화재현장에 나가 불을 끄고 있었다. 빨리 불을 꺼야 한다는 생각에 발을 동동 구르고 있을 때 누군가 나를 흔들어 깨웠다. '꿈이라 다행'이라고 생각하며 몸을 일으키려 하는데 "호텔에 큰 불이 나서 난리다!"라는 외사촌형의 급한 목소리가 귓전을 때렸다.

강릉에 다녀오다가 화재현장 근처를 지나왔는데 회현동에 있는 뉴남산호텔에 불이 났다는 것이었다. '회현동의 뉴남산호텔이라면 우리 관내 아닌가!'

나는 부리나케 현장으로 달려갔다. 그런 참상이 따로 없었다. 19명이 숨지고 여러 사람이 다치는 대형 화재였다. 이날 사고로 인해 전기 담당 공무원인 나는 경찰서에 가서 조사를 받는 등 곤욕을 치렀다. 나중에는 검찰에도 출두해야 했는데 주로 기소에 필요한 전기 관련 전문지식을 전달하기 위해서였다. 결국 사건은 '1974년 10월 17일 새벽 1시 50분경 호텔 지배인의 전기 취급 부주의로 인한 화재'로 결론이 났다. 당시는 전기안전공사가 태동하기 전이어서 경찰청 화재감식반의 판단에 의해 화재 사고의 원인을 결론지었다.

이후 40년이 흘렀지만 당시의 화재가 결론처럼 단순한 부주의로 발생한 화재가 아닐 수도 있다는 내 의심은 여전히 풀리지 않고 있다. 그 이전에 발생한 청량리 대왕호텔의 화재와 양상이 매우 비슷했기 때문에 실화에 의한 방화라는 의심을 지울 수 없어서이다.

성장하는 조직은 상황을 탓하지 않아

나는 1972년의 수해와 뉴남산호텔의 화재를 겪으면서 공무원으로서 마땅한 책임감을 갖는 것이 얼마나 중요한 일인지 뼈저리게 느꼈다. 내가 6년 동안 공무원 생활을 하면서 배운 점이라면 개인뿐만 아니라 국가나 기업 모두 각자 책임을 다할 때 비로소 사회가 발전한다는 것이었다. 이는 어떤 조직이든 마찬가지다. 구성원 각자가 책임과 미션을 완벽하게 수행한다면 그 조직은 더욱 발전하고 성장해나갈 것이다.

정부는 국민의 안녕과 안전을 책임지는 자세로 맡은 바 책임을 다해야 하고, 국회는 국민을 위한 입법 의정 활동에 힘쓰고, 사법부는 공정하게 법을 집행해야 한다.

또한 사회의 물질적 토대를 구축해야 할 기업은 열심히 사업을 해서 소비자들에게 알찬 서비스와 재화를 제공해야 한다. 그래야 부와 일자리를 창출할 수 있다. 특히 기업은 정도·윤리 경영을 끊임없이 추구해 사회의 한 축을 담당하는 주체로서의 역할에 충실해야 한다. 기업의 사회적 책임은 이따금 거액의 돈을 기부하거나 쪽방촌을 방문하는 게 전부가 아니라 정도·윤리 경영 등 경영의 기본을 잘 지킬 때 완수할 수 있다.

발전하고 성장하는 조직은 상황을 탓하지 않는다. 매순간 자신의 책임을 완수하기 위해 최선을 다한다. 우리 사회의 주체들이 각각의 책임을 충실히 이행한다면 국가와 기업, 가정 모두가 융성할 수 있다고 믿는다.

왜 슬픈 예감은 틀린 적이 없나

"사업은 신용이다."

어린 시절부터 귀가 닳도록 들은 말이다. 신용. 무척 오래된 말이고, 세련미라고는 찾아볼 수 없는 말이다. 그래서인지 1970년대 초의 새마을운동이나 흑백TV와 어울릴 법한 단어라고 생각하는 사람들도 있을 것이다. 더구나 한번에 쏙 들어오는 감각적인 단어가 아니면 촌스럽다고 혹평하는 요즘 세태라면 누군가에게는 구시대의 유물로 다가올 수도 있을 것이다.

하지만 내게 있어 '신용'은 특별한 말이다. 요즘 흔히 쓰는 '신뢰'나 '믿음'이라는 말과는 달리 사람들과의 관계에서만 느낄 수 있는 끈끈함이 말 속에 깊이 배어 있다. 한편으로는 다른 쪽으로 가거나 오는 일방통행이 아니라 양자가 서로 주고받아야 생성되는 느낌이랄까?

지금의 내가 있을 수 있는 이유는 사람들과의 관계에서 신의와 믿음에 대한 노력이 있었기 때문이라고 생각한다. 직원들과의 약속을 지키기 위하여 최선을 다하고 항상 내가 먼저 솔선하는 리더십을 실천하려 노력하였다.

고객과의 관계에서도 계약에 따른 책임과 의무를 지키는 노력 외에 전기기술인으로서, 건설인으로서 양심에 따라 지켜야 할 도리를 다하려 노력하였다.

덤핑 수주로 멍들다

대학을 졸업하고 현장 실무를 쌓기 위해 직장생활을 한 지 2년. 실무와 감독, 감리 능력은 쌓았지만 자본금이 없던 나로서는 당장 회사를 설립할 수가 없었다. 그런데 ㈜한양에서 근무할 때 연을 맺은 신덕웅 씨가 평일산업주식회사를 연결해주었다. 평일산업주식회사의 전기공사 시공 분야를 내가 도와주는 조건이었다. 쉽게 말해 평일산업의 업면허를 대여받는 대신 공사비의 11%를 업면허 대여비용으로 지불하는 조건이었다.

처음으로 수주한 공사는 가락동 시영아파트 8개 동의 전기공사였다. 서울시에서 발주하고 삼익건설에서 수주한 이 공사를 수주할 수 있었던 것은 경기공업전문학교 이진복 동문이 삼익건설에 근무했기 때문이다.

내가 수주한 첫 공사. 가격대비 최고의 공사를 다짐하며 철저한 원가 분석에 들어갔다. 검토를 거듭한 끝에 7800만원의 견적서를 제출했다. 이 정도면 원가경쟁력도 충분하다고 생각했다. 그렇게 수주를 기대하고 있는 내게 삼익건설 외주팀에서 연락이 왔다.

'됐구나' 싶어 기쁜 마음으로 전화기를 건네받았지만 내 귀를 의심하게 만드는 말이 흘러나왔다.

"견적을 7400만원으로 삭감해서 다시 넣어주면 좋겠네요."

"부장님, 견적서 보시면 최대한 낮게 써낸 것 아시잖습니까. 견적서대로 진행하면 안 되겠…."

"일하려는 업체는 많습니다. 금액 조정이 안 되면 다른 곳과 계약할 수밖에 없습니다."

찬바람 쌩쌩 부는 부서장의 건조한 음성이 내 말을 잘랐다. 1980년대 초는 건설 경기가 어려웠기에 경쟁이 치열했다.

지금이야 덤핑공사를 회피하지만 당시는 그야말로 사업 초기였다. 시공 실적도 필요했고 자금만 제대로 돌면 어떻게든 적자는 면할 수 있을 것도 같았다. 어쩔 수 없었다. 떨리는 마음으로 7400만원에 계약을 했다.

1990년대에 크게 히트한 노래 가사 중에 '왜 슬픈 예감은 틀린 적이 없나'라는 부분이 있다. 애초 걱정한 대로 역시 돈의 흐름이 문제였다. 원청인 삼익건설은 공사대금을 3~5개월짜리 어음으로 결제해주었다. 고금리 시대인 만큼 사업자금이 부족하면 상당한 이자 비용이 발생했고 어음 할인을 받는다 해도 떼이는 비용이 상당했다. 결국 점점 현금유동성이 떨어지면서 보이지 않는 위기의 그림자가 시나브로 덮쳐왔다.

우선 자재 구매를 외상으로 해야 했기 때문에 원가경쟁력이 낮아졌고 이것이 지속되자 공정관리에서도 문제가 노출됐다. 현금으로 지불해야 할 노임이 연체되니 자연스럽게 기능공들의 생산성이 낮아졌다. 공사대금을 400만원 낮춘 것 이상의 악영향이었다.

결국 평일산업에서의 첫 공사는 적자로 막을 내렸다. 여기저기 자재상들의 외상값 독촉이 빗발쳤다. 박봉이었지만 자존심 강한 공무원으로 생활한 내게 빚독촉은 견디기 힘든 참담함을 느끼게 했다. 본의 아니게 거짓말로 둘러댄 날은 자괴감에 잠을 이루기 힘들었다.

이렇게 며칠을 고민하고 있을 때 평일산업 김봉주 전무님이 나를 부르더니 "채무를 어떻게 정리할 것이냐"고 물었다. 난 "집을 팔아서라도 정리하겠습니다"라고 말했다. 당시 어렵게 마련한 집에 살고 있던 나는 최악의 상황에 몰리면 집을 팔아서라도 채무를 변제할 생각을 하고 있었다. 전무님은 내 의지를 확인하고 미지급 자재대금을 3개월 어음으로 정리해주셨다.

3개월 안에 돈을 만들어 어음을 막기만 하면 되었지만 돈은 쉽게 구해지지 않았다. 시세보다 낮게 내놓으면 금방 팔릴 것만 같던 집도 막상 내놓으니 보러 오는 사람이 없었다. 복덕방에서는 부동산 경기가 좋지 않아 그런 것이니 기다리라는 답만 되풀이했다.

3개월은 무척 짧았다. 속절없이 시간이 흘러 어느새 어음 만기 D-3일이 되었다. 오늘과 내일이 지나면 어음 만기일인 월요일. 토요일 밤까지 집은 계약되지 않았다. 만기가 도래하는 평일산업 어음을 막을 돈을 구할 방법이 없었다. 암울한 생각이 머릿속을 휘감았다.

무엇보다 나를 믿고 어음을 융통해주었음에도 내가 약속을 지키지 못해 평일산업에 화가 미치게 된다는 점이 가장 괴로웠다. 그야말로 막다른 골목에 서 있는 느낌이었다. 사람이 돈 때문에 목숨을 끊는 심정을 이해할 수 있을 것 같았다. 물론 가장을 믿고 따라온 아내와 어린 세 딸이 사글세방으로 내몰려야 한다는 사실도 가슴 아팠다. 하지만 신용을 지키지 못하는 데서 오는 괴로움과는 비교할 수 없었다.

신용을 지키지 못한다는 자괴감

다음 날 아침 집을 나온 나는 약국을 찾았다. 수면제를 사기 위해서였다. 죽음으로 모든 괴로움을 털어내고 싶었다. 그러나 문을 연 약국이 없었다. 모든 약국이 문을 닫는 일요일이라는 사실도 뒤늦게 깨달을 정도로 혼이 빠져 있었던 것이다.

멍한 상태로 터벅터벅 남산에 올라갔다. 팔각정 벤치에서 서울 시내를 내려다보니 참으로 외로웠다. 당장 문제를 해결할 능력도 없는 데다 더 이상 나를 도와줄 사람도 없다고 생각하니 무기력감 말고는 아무것도 느껴지지 않았다. 그냥 그렇게, 슬며시 주황색 기운이 적셔오는 서쪽 하늘을 바라보고 있었다. 시간이 얼마나 지났을까. 문득 오늘이 일요일이라 수면제를 사지 못한 것은 죽음을 택하지 말라는 하나님의 뜻이 아닐까 하는 생각이 들었다. 춥고 배고프던 중고교 시절의 기억도 떠올랐다. 고통스러웠던 기억이 워낙 생생해서인지 여름인데도 난데없이 오한이 왔다.

"그래, 죽을 각오라면 무슨 일인들 못할까…."

정신을 추스르고 산을 내려온 나는 평일산업 김봉주 전무님을 만나기 위해 안양행 버스에 올랐다. 김 전무님 집 근처에서 수박 한 덩이를 샀다. 그러고는 떨리는 마음으로 초인종을 눌렀다. 김 전무님은 현관문을 열고 나를 반갑게 맞이해주셨다. 친동생처럼 살갑게 맞이해주니 더욱 죄송한 마음이 들었다. 나는 거실에 들어서자마자 무릎을 꿇으며 말했다.

"전무님, 죄송합니다. 집을 팔아서라도 어음을 막으려고 했지만 도저히 내일까지 처리할 수 없을 것 같습니다."

"어허 이 사람. 왜 이래!"

그는 얼른 내 어깨를 감싸 일으키더니 나를 소파로 이끌었다. 그러고는 부드러운 목소리로 말씀하셨다.

"어음은 내가 처리했네. 아무래도 자네가 힘들 것 같아서… 이번에 좋은 경험 했다고 생각하게."

그 말을 듣는 순간 온몸에서 기운이 쑥 빠져나갔다. 어깨와 허리가 나도 모르게 숙여져 소파 등받이에 머리가 닿았다. 천만다행이라는 생각과 함께 한없는 고마움에 가슴이 먹먹해졌다.

"감사합니다. 전무님! 이 은혜는 잊지 않겠습니다. 빠른 시일 내에 집을 처분해서 변제하겠습니다. 감사합니다!"

나는 '감사합니다'라고 말하면서 연신 머리를 숙였다. 내가 살아온 동안 그 순간처럼 사람에게 고마움을 느낀 적은 단 한 번도 없었다. 김봉주 전무님이 오직 신용으로 내 목숨을 구해준 것이나 마찬가지였기에 그 감사함을 말로는 이루 다 표현할 수 없었다. 그렇게 나를 위기에서 구제해준 김봉주 전무님은 가장 존경하는 기업인 중 한 분으로 내 마음속에 자리했고, 지금까지도 끈끈한 관계를 유지하고 있다. 김봉주 전무님은 훗날 회사를 인수하여 전력공사업의 중요 전력 기자재인 케이블 단말 처리와 접속재 등 관련 수입자재를 국산화하는 데 평생을 바치는 등 관련 분야의 전문가 역할을 충실히 해낸 분이다.

김 전무님과의 신용을 지키려면 집을 최대한 빨리 팔아야 했다. 20일 후 나는 불과 몇 달 전에 2800만원을 주고 산 집을 2400만원에 팔

앉고, 우리 가족은 단칸 사글세방으로 이사했다.

고백하자면, 나는 사업을 준비하던 시절까지는 신용을 지킨다는 것이 어떤 의미인지 정확하게 알지 못했다. 막연히 약속을 잘 지키고 인간관계를 잘하면 신용은 그저 얻어지는 것이라고만 생각했다. 하지만 사업을 시작하고 크고 작은 부침을 겪으면서 '신용'을 지킨다는 것은 사업자가 가장 우선적으로 갖춰야 할 자세라는 것을 절감했다.

내가 부도 직전에 몰리면서 무엇보다 견디기 힘들었던 것은 다름 아닌 신용을 지키지 못한다는 자괴감이었다. 사업의 실패는 단순히 나 개인의 불행에 머무는 것이 아니었다. 나를 믿고, 나와 약속을 했다는 이유만으로 수많은 사람이 고통 받는 것을 경험하고 나니 사업을 할 때 서로를 신용한다는 것은 목숨을 함께 나누는 일과 다름없다는 것을 알게 되었다.

나는 지금도 신용을 지키는 것이 기업을 성장시킬 수 있는 가장 중요한 요소라고 생각한다. 거래처나 내부 직원들과의 관계, 외부 인사나 소비자와의 관계 등에서 신용만큼 큰 힘은 없다. 모든 기업이 중요시하는 브랜드의 가치나 기업 이미지 역시 신용을 기반으로 한다. 브랜드나 기업은 신용하는 사람이 많을수록 가치가 더 높게 평가된다. 존경받는 기업이 된다.

무일푼이던 내가 사업을 시작할 수 있었던 것도, 그 회사를 키워 지금의 삼진일렉스로 성장시킬 수 있었던 것도 모두 고객이 나를 믿어주고 신뢰해준 '신용' 덕분이었다. 나는 앞으로도 '기업 활동은 신용'이라는 명제를 가슴속에 깊이 새기며 살 것이다.

해결사(?)도 감동시킨 역경의 삶

 "예술의 전당과 계룡대 공사 중 어떤 것이 더 큰가? 계룡대 공사를 하게나."

삼진종합건설을 차려 독자적인 사업을 하며 서초동 예술의 전당 하도급 공사 수주를 준비하고 있을 때였다. 한 선배가 계룡대 공사에 들어가라고 권했다. 그의 말대로 계룡대와 예술의 전당 공사는 규모 면에서 비교가 되지 않았다.

계룡대는 1983년부터 대전 서북방 25km 지점의 계룡산 기슭에 '6·20계획'이라는 암호명으로 건설된 육·해·공군 3군 통합 신기지로 건설됐다. 총 900만 평의 부지에 미국 펜타곤국방부과 같은 모습의 지하 3층, 지상 5층의 5각 건물을 비롯해 군인 가족을 위한 각종 시설을 건설하는 현장이었다.

잘하면 회사를 한 단계 성장시킬 수 있는 기회가 될 것 같았다. 국가 산업의 대역사에 참여한다면 나를 포함한 회사 구성원 모두가 큰 자긍심을 가질 수 있을 것 같았다. 극비 보안공사여서 당시에는 시공의 용도를 몰랐다. 우리 삼진은 자부심을 갖고 이 공사에 임했다. 남동생도 대전 외곽에 집을 얻어 살면서 총무를 맡아 이 사업에 전념했다. 하지만 공사는 예상보다 쉽지 않았다.

가장 큰 문제는 공사 규모와 대금결제 방식이었다. 200만 평 부지에 본관 건물과 취수장, 종교시설, 학교시설까지 들어서는 군사타운town 시설인 만큼 공사의 특수성도 있었고, 전력강대케이블이 60만 미터를 넘고 콘크리트 구조물에 설치하는 전력배관 파이프만 해도 25만 미터가 넘는 방대한 물량의 공사였기 때문이다. 주택공사와 국방부가 대토 조건으로 일을 하다보니 공사대금 대신 토지로 주는 방식이어서 공사 시공에 어려움이 많았다. 설계 변경에 따른 증액이나 하루가 다르게 치솟는 노무자들의 임금인상분이 공사대금에 전혀 반영되지 않았다. 실제로 공사 종료 시점의 노임은 공사 시작 당시보다 2배 정도 뛰어올라 있었다. 한 달에 하루만 외출이 가능한 통제된 현장 여건은 기능공 관리에도 어려움으로 작용했다.

회사 내부의 준비가 부족한 점도 없지 않았다. 큰 공사를 해본 경험이 없는 상태에서 의욕만 앞서다보니 조직구성과 공정관리 등 세밀한 부분에서 역량이 부족했고, 이것이 하나 둘 모이니 결국 효율성과 생산성이 떨어지기 시작했다. 하지만 사업을 중도에 포기할 수 없었기에 전력을 다해 일을 마무리해가기로 했다.

그러던 1987년 여름, 수해가 나서 공사현장이 물에 잠기는 악재가 발생했다. 어쩔 수 없이 공사기간이 연장되었고 그러다보니 대금 결제도 덩달아 미뤄졌다. 엎친 데 덮친 격으로 수해까지 입다보니 이 사업에서 희망이라곤 조금도 찾을 수 없었다. 나는 자포자기의 심정으로 서울 사무실로 올라와 다른 건설 현장을 돌아보았다. 그러던 어느 날 국방부 장교 몇몇이 회사로 찾아왔다.

"김 사장님 국책사업입니다. 어려우시겠지만 완공해야 하지 않겠습니까!"

국책사업이라는 말에 동의할 수밖에 없었다.

사업을 포기하고 싶다는 말이 목구멍까지 올라왔지만 나는 그들의 제안을 받아들였다. 대형 국책사업에 참여한다는 자부심으로 공사를 시작한 초심을 지키겠다는 신념과, 한번 시작했으면 어떻게든 끝을 봐야 하는 나의 기질 때문이었으리라.

한 번의 실패, 치유되지 않는 상처

나는 다시 현장으로 내려가 1년 동안 복구 작업에 매달렸다. 그러나 상황은 점점 악화되었다. 현장에서 먹고 자며 6개월을 직접 진두지휘했지만 1988년 8월의 현장 상황은 최악이었다. 현장감독들이 "2개월 치 기성을 미리 당겨서 지급해줄 테니 차라리 손을 떼고 도망가라"며 노골적으로 부추길 정도였다.

당시 회사는 계룡대 공사 때문에 도산한 것과 다름없는 상황이었다. 산소호흡기만 제거하면 속절없이 사망할 수밖에 없는 중환자 신세와 다를 바 없었다. 그렇다고 무책임하게 행동할 수는 없었다. 여전히 사장인 나를 따르는 직원들이 있고, 내 평생의 계획인 사업을 접을 수도 없었다. 나는 깊은 한숨을 몰아쉰 뒤 마음을 가다듬었다. 최대한 간명하게 생각했다.

'어떻게든 채권을 변제하면 살아날 수 있지 않은가! 수많은 경영자가 파산의 늪에서 용기 있게 일어나 재기에 성공하지 않았던가!' 하늘은 스스로 돕는 자를 돕는다는 격언을 되새기며 대전 현장을 떠나 서울 사무실로 차를 몰았다.

이른 아침 출근해보니 서울 사무실의 상황은 예상보다 참혹했다. 채권자들이 얼마나 거세게 발로 찼던지 사무실 문이 일부 부서져 있었다. 전화기를 포함한 모든 사무실 집기에 빨간 압류딱지가 붙어 있었다. 정신이 아득해졌다. 다리에 힘을 주고 고개를 들었다. 나를 믿고 따라와 준 직원들이 하나 둘 눈에 들어왔다. 경리부 여직원은 한쪽 구석에서 훌쩍거리고 있었고 다른 직원들의 얼굴은 조명이 꺼진 무대처럼 어두웠다.

'이 친구들에게 무슨 말을 어떻게 해야 하나…'

물론 해답은 없었다. 현재의 상황에 대해 정직하게 이야기하는 것이 가장 나다운 방식이었다. 망연자실한 표정의 직원들을 데리고 사무실을 나왔다. 회사 근처 다방에 둘러앉아 어렵사리 말을 꺼냈다.

"더 이상 회사를 지탱할 수 없는 상황이다. 마음 같아서는 함께 이겨내자고 말하고 싶지만 그것은 여러분에게 너무도 고통스러운 길이 될 것이다. 각자의 길을 가는 것이 현명한 선택인 것 같다."

마음이 찢어지듯 아팠지만 뾰족한 수가 없었다. 하지만 몇몇 직원은 한사코 내 곁에 남겠다고 고집을 부렸다. 나는 그들의 고집을 고맙게 받아들였다. 당시 나를 떠나지 않은 직원들 중 한 명은 삼진일렉스의 현장소장이자 임원으로 지금까지도 나와 함께 일하고 있다.

이후 회사가 부활하는 길은 멀고도 험했다. 가장 먼저 계룡대 공사와 관련해 공정거래실을 찾아갔다. 2억원과 수의계약 공사 3건 등으로 합의를 이끌어냈지만 그동안 쌓인 부채를 탕감하기에는 턱없이 모자란 금액이었다. 여전히 많은 빚이 남아 있었다.

나는 채권자 리스트를 꼼꼼하게 작성했다. 모두 28군데였다. 국세, 지방세 등 세금을 먼저 내고 작은 금액부터 차차 갚아나가기로 했다. 작은 빚부터 갚기로 결심한 것은 아무래도 사업 규모가 영세한 곳의 빚부터 해결하는 것이 도리일 것 같아서였다. 그리고 내가 꾸준히 빚을 갚고 있다는 것을 보여주기 위해서도 우선 작은 금액부터 갚아나가는 편이 좋을 듯했다.

채권자 목록을 만들자마자 곧바로 강남세무서를 찾아갔다. 세금납부 유예 신청을 하기 위해서였다. 급한 마음에 무작정 세무서장실로 들어갔다. 정상적인 절차를 거친다면 세무서장이 내 부탁을 들어줄 가능성이 낮을 것이라 예상했기 때문이다.

"무슨 일로 오셨나요?"

비서가 물었다.

"세금납부 유예 신청을 하려고 합니다."

"여긴 서장실이니 실무부서로 가시지요."

하지만 실무부서에서는 그런 부탁을 쉽게 들어줄 리가 없었다. 나는 물러서지 않고 계속 서장과의 면담을 요청했다.

"전 꼭 세무서장님을 뵙고 싶습니다."

여직원이 난색을 표하고, 내가 다시 면담을 요구하며 실랑이를 벌이자 세무서장이 방에서 나왔다.

"무슨 일입니까?"

"세금납부 유예 신청이 필요하다고 하셔서요. 실무부서로 가시라고 했는데도 꼭 서장님을 만나야 한다고 하셔서…."

"들어오시지요."

세무서장이 선뜻 자리를 내주었다. 자리에 앉은 나는 채권자 목록을 내밀고 입을 열었다.

"서장님, 제가 국책사업인 계룡대 공사를 하도급 받아 시공을 하고 있는데 파산 직전에 몰리는 어려움에 처하게 됐습니다. 열심히 벌어서 세금을 모두 낼 수 있도록 시간을 좀 주십시오. 여기 이 목록에도 작성했듯이 세금을 최우선으로 납부하겠습니다."

목록을 훑어보던 서장은 인터폰으로 법인세과장과 개인소득세과장을 불렀다. 두 과장이 들어오자 서장은 자초지종을 설명하더니 "최대한 몇 개월 유예시켜줄 수 있느냐?"고 물었다. 과장들은 가산금 없이 9개월간 납부를 유예시켜줄 수 있다고 답했다.

이루 말할 수 없이 고마웠다. 깊고 깜깜한 동굴 저편에서 시원한 바람이 불어오는 듯했다. 앞은 여전히 보이지 않지만 동굴 밖으로 나갈 길이 있다는 희망이 가슴에 따뜻한 바람을 불어넣었다.

나는 세금납부를 유예시킨 후 변제 우선순위에 따라 자재상을 비롯한 채권자들을 일일이 찾아가 읍소했다.

"지금은 몸뚱이밖에 없지만 열심히 일해서 반드시 빚을 갚겠으니 도와주십시오."

채권자들은 평소 내 진심을 아는 사람들이었다. 흔쾌히 승낙하는 분도 있었고 자신도 어려우니 빨리 갚아달라는 분도 있었지만 결국은 '김 사장을 믿겠소'라며 허락해주었다. 일주일도 지나지 않아 28명 중 27명의 채권자에게 동의를 받아냈다. 가장 큰 금액의 채권자인 청계천 서울전기를 제외하고는….

고난을 피하지 않고 정면으로 맞서

오랫동안 거래를 해와 사정을 봐줄 것이라는 기대와 달리, 서울전기 오 사장의 반응은 찬바람이 쌩쌩 불었다. 빨리 외상값을 갚으라는 말만 되풀이할 뿐 다른 말은 한마디도 하지 않았다. 아무리 사정을 해도 소용없었다. 오 사장 사무실을 내 발로 걸어 나왔지만 문전박대를 당한 것이나 진배없었다. 빚이 가장 많은 곳에서 당장 갚으라고 닦달하니 난감하기가 이를 데 없었고, 한편으론 오 사장과 나 사이의 신용이 이 정도였나 싶어 헛헛한 마음을 떨칠 수 없었다.

사흘 후, 건장한 사내 세 명이 나를 찾아왔다. 오 사장이 보낸 사람들이었다. 그들은 내게 '빨리 돈을 갚으라'고 위협했다. 사업을 하면서, 아니 살면서 돈 때문에 이처럼 모욕을 당한 것은 처음이었다.

그들은 하루 종일 내 뒤를 근접으로 따라다니며 나를 괴롭혔다. 밤이 되자 그들은 나를 차에 태웠다. 한참을 달려 도착한 곳은 망우리 공동묘지였다. 깊은 밤 무서운 해결사들과 공동묘지에 나란히 앉다니! 난 생처음 생명에 위협을 느끼며 머릿속은 온통 뒤죽박죽이 됐다. 여기서 죽을 수도 있겠다는 공포를 느끼면서도 '내가 어쩌다가 이렇게 됐나' 하는 참담함을 느꼈다. 하지만 자존감을 내려놓고 맥없이 주저앉을 수는 없었다.

"난 사업을 하면서 남의 돈을 한 푼도 떼어먹은 적이 없소. 비록 지금은 수중에 한 푼도 없지만 반드시 빚을 다 갚을 수 있소. 내가 움직여야 돈을 벌어서 갚을 것 아니오?"

폭력을 무기로 수단과 방법을 가리지 않고 돈을 받아내는 것이 일인 해결사들에게 내 말이 먹힐 것이라고 생각하진 않았다. 그래도 일단 말을 시작했으니 끝까지 하고 싶었다. 나는 그들에게 그동안 내가 살아온 얘기를 차분하게 풀어놓았다. 더할 것도 뺄 것도 없이 있는 그대로 이야기했다. 어느 순간 험악했던 분위기가 점점 누그러들었고, 그들이 내 이야기를 경청하고 있었다. 돈 앞에서는 피도 눈물도 없는 인간들이 해결사라고는 하지만 그들도 나와 같은 사람이었다. 어린 시절부터 온갖 고난을 뚫고 살아온 한 남자의 이야기에 무심할 수는 없을 터였다. 그렇게, 이승과 저승이 만나는 공동묘지에서 어렵고 한 많은 시절을 살아온 남자들끼리 묘한 공감이 이루어졌다.

"그만 내려갑시다."

우두머리로 보이는 사내가 나직하게 말했다. 동녘 하늘엔 여명이 보이기 시작했다. 공동묘지를 내려온 나는 그들과 함께 해장국집으로 갔다. 참으로 기묘한 동행이었다. 돈을 받으러 온 해결사들에게 망우리 공동묘지까지 끌려갔다가 그들과 함께 해장국을 먹으러 오다니…. 나는 말 없이 해장국 한 그릇을 비웠다. 그런데 우두머리 해결사가 갑자기 자리에서 일어나더니 허리를 숙이며 내게 정중하게 인사를 하는 게 아닌가.

"사장님, 몰라뵈어서 죄송합니다."

'사장님이라니. 돈을 받아내기 위해 수단과 방법을 가리지 않는 청부업자가 채무자인 나의 처지에 공감이라도 한다는 말인가?' 놀란 마음에 엉겁결에 허리를 숙인 나는 그와 서로의 처지에 연민을 느끼며 악수를 주고받았다.

해결사들과 헤어진 후 나는 오 사장을 찾아갔다. 그의 얼굴을 마주하는 순간 '왜 해결사들을 보냈느냐'고 따지고 싶었지만 부질없는 일이라는 생각에 마음을 거두었다. 오 사장은 돈을 받아내라고 해결사들을 보냈건만 멀쩡한 모습으로 나타난 나를 보고 당황하는 눈치였다. 나는 오 사장에게 차분하게 말했다.

"오 사장. 난 남한테 빚지고는 못사는 성격이오. 반드시 갚을 테니 조금만 기다려주시오."

오 사장은 그제야 못이기는 척 내 부탁을 들어주었다. 이렇게 28군데 채권자들이 모두 나에게 시간을 주기로 했다. 그때부터 나는 죽을힘을 다해 뛰었다. 과거 남산에 올라 자살하려다가 다시 삶의 전선으로 돌아왔을 때보다 더 강한 의지와 용기로 무장한 채 앞만 보고 달렸다.

이후 3년 만인 1992년, 우리 회사는 모든 채무를 변제했다. 말 그대로 무차입경영의 출발점이었다. 삼진일렉스는 그 후로 20여 년이 지나도록 무차입경영과 성장을 동시에 달성해나갔다.

사업을 하다보면 때로는 당초 예상과는 전혀 다르게 일이 진행되어 큰 실패를 맞볼 때도 있다. 내게는 1984년에 시작한 계룡대鷄龍臺 공사가 바로 그런 일이었다.

세상에서 가장 비참한 사람은 망한 사업가라는 말이 있다. 사업에 실패하면 돈도 돈이지만 '그 친구는 이제 끝났어!'라고 말하는 듯한 주변의 시선이 폐부를 찌를 만큼 고통스럽고, 동종업계 인사들이나 거래처 등에서 신뢰를 잃으면 정신적 황폐화와 외로움을 겪게 된다. 가족과 친구들도 안쓰러운 눈으로 나를 바라본다. 말 그대로 비참해진다.

하지만 나는 상황에 굴복하지 않았다. 지금 생각해보면 유년기부터 숱한 고난을 극복해왔기 때문에 어지간한 충격은 여유 있게 흡수할 수 있는 '회복탄력성'이 높아진 덕분이 아닌가 하는 생각이 든다. 극한의 상황을 극복하는 역경지수 역시 처세술처럼 그냥 만들어지는 것이 아니라 고난의 경험이 쌓이고 쌓여서 형성되는 것일 테니까.

고생이나 고난은 불편하긴 하지만 무조건 나쁜 것만은 아니다. 견디고 극복할 수만 있다면 나 자신과 사업을 성장시키는 전환점이 되기도 한다. 고난을 극복하는 과정에서 역량을 키울 수도 있다. 하지만 이런 기회는 누구나 얻을 수 있는 것은 아니다. 고난을 피하지 않고 정면으로 맞서는 자만이 얻을 수 있는 특권이자 결실이다.

2장

도전

프리드리히 니체는
'삶을 긍정하고 현재에 충실할 때
진정한 삶을 살 수 있다.
성공은 대개 그것을
바랄 겨를도 없이
바쁜 사람에게 온다.
어제로부터 배우고
오늘을 위해
살고 내일을 꿈꿔라'고
말했다.

프리드리히 니체는 '삶을 긍정하고 현재에 충실할 때 진정한 삶을 살 수 있다.
성공은 대개 그것을 바랄 겨를도 없이 바쁜 사람에게 온다.
어제로부터 배우고 오늘을 위해 살고 내일을 꿈꿔라'고 말했다.

우리는 우리의 운명을 알 수 없다.
하지만 우리가 할 수 있는 일은 바로 운명이 나타날 때까지 최선을 다하는 것이다.
수천 개의 아이디어보다 값진 것은 단 한 번의 '도전'이자 '실천'이다.
나는 오늘도 도전한다. 그것이 나의 운명이라고 생각한다.

내가 얼리어답터가 되려는 이유

실생활에서 나는 얼리어답터early adopter라고 평가받을 만한 사람은 아니다. 신제품에 강한 호기심을 보이거나 열광하는 타입도 아니고 스마트폰에 잡다한 앱을 설치해 활용하는 부류도 아니다. 굳이 분류하자면 CD의 깔끔한 음질보다는 LP판 위를 빙빙 도는 카트리지와 진공관 오디오의 따뜻한 소리를 좋아하고 물질문명보다 자연과 함께할 때 마음이 더 편한, 그저 내 나이 또래의 장삼이사張三李四와 비슷한 취향을 지니고 있는 사람이다. 앞으로도 이런 아날로그 취향은 변함이 없을 것 같다. 하지만 이 같은 실생활과 달리 기업 경영에 있어서는 항상 새로운 것을 추구해야 한다고 생각한다.

흔히 1차산업으로 불리는 농사도 사람에서 동물, 기계를 거쳐 이제는 IT를 활용해 생산력을 높이고 있다. 고부가가치화를 통해 또 다른 차원의 산업으로 발전하고 있다. 기업도 마찬가지다.

시대에 앞선 기업은 선두에 설 수 있다. 흐름에 맞춰가는 기업은 그 자리를 유지하고, 뒤떨어진 기업은 도태될 수밖에 없다. 때문에 시시각

각으로 변하는 경영 상황에 능동적으로 대응해 시장지배력을 지닌 기업이 되기 위해서는 리더 역할을 하고 있는 나부터 얼리어답터가 되어야 한다는 것이 지론이다. 조직 구성원들에게 "유행에 경도되는 것은 곤란하지만 우리의 특성을 잘 살릴 수 있는 신기술이나 IT를 활용한 경영 혁신 방법론에 항상 눈과 귀를 열어두어야 한다"고 자주 강조하는 것 역시 이러한 확신 때문이다.

특히 중소·중견 기업은 신속한 의사결정에 따른 유연한 변화가 최고의 무기다. 이를 위해서는 열려 있는 시각이 필요하다. 그리고 좋은 것을 재빨리 받아들여 미래를 대비해야 한다. 조직 내부에 이런 흐름이 없으면 경쟁력은 저하될 수밖에 없다. 전문가라 할지라도 모피아나 관피아처럼 흔히 ~피아라고 불릴 정도로 자기가 소속된 집단의 이익만 고려하다가는 시대의 흐름과 동떨어져 발전과 성장을 장담할 수 없는 것과 같은 이치다.

눈과 귀를 열어 얻은 '세계 최초' 칭호

2005년 9월 27일 삼진일렉스는 '세계 최초'로 전자어음을 발행했다. 2004년 3월 20일 제정된 '전자어음의 발행 및 유통에 관한 법률'이 2005년 1월 1일 시행된 이후 첫 발행으로 당시 우리 사옥에서는 법무부, 금융결제원, 거래은행인 우리은행의 관계자 등이 참석한 가운데 전자어음발행 행사를 가진 바 있다. 요즘은 전자어음이 보편화되었지만 당시에는 전자화폐 시대를 앞당긴 의미 있는 발걸음이었던지라 방송국

2005년 가진 세계 최초 전자어음발행 행사

9시 뉴스와 각종 매체를 통해 관련 소식이 전파되기도 했다.

초기에는 많은 사람이 전자어음을 발행하는 것을 꺼렸다. 기존의 종이 약속어음에 익숙했던 이들은 전자어음을 낯설어했고 몇몇 업체에서는 세원 노출을 문제 삼아 거부감을 표시하기도 했다. 하지만 나는 전자화폐의 확장세를 고려했을 때 전자어음이 종이어음을 대체하는 것은 시간문제라고 생각했다. 종이어음에 비해 모든 부분이 효율적이고 편리한 대금결제 수단이라는 장점에 주목했기 때문이다. 전자어음은 분실, 도난, 멸실 등의 어음사고를 방지할 수 있고 온라인상에서 이용하는 시간이 오전 8시부터 오후 10시까지여서 어음용지의 수령에서 지급까지의 시간적, 경제적인 효율성이 향상되는 장점이 있었다. 또한 기업의 투명성과 대외신인도가 높아지는 부수적인 효과도 기대할 수 있었다.

당시 한 일간지에 기고한 칼럼에도 "약속어음의 발행, 유통과정을 전자화하여 기업의 조세투명성을 높이겠다는 정부의 의지와 실물어음 발행 및 관리에 따른 시간과 비용을 절감하겠다는 이용자의 기대가 디지털 환경에 적합한 기업 간의 결제 수단으로 활용되고 자리 잡는 것은 시간문제라고 생각한다. 우리 전기 관련 산업인들도 디지털 환경에 적응하고 시대의 흐름에 적응하기 위해 전자어음 등 전자화폐 시대에 관심을 갖고 미리 준비하는 지혜가 필요하지 않을까 생각된다"라고 썼다.

창고 없는 건설업체를 만들다

사업이 궤도에 오른 후 지속적으로 추구하는 목표는 좋은 기업 만들기였다. 특히 모든 부채를 청산한 1992년 이후부터는 좋은 기업을 만드는 데 최선의 노력을 경주했다. 결국은 '혁신'밖에 없었다. 기업도 사회도, 개인도 마찬가지였다. 정확한 지향성을 지닌 혁신이 아니라면 지속가능성을 확보할 수 없다고 결론지었다. 조직문화 혁신을 위해 각종 교육과 소통을 늘리고 IT를 활용한 툴tool로 경영투명성을 확보하기 위해 노력했다. 다행스럽게도 업계 내외의 많은 분들이 우리 회사의 노력을 인정해주고 있다.

우리 회사가 내디딘, 눈으로 보이는 혁신의 첫 발걸음은 창고를 없앤 것이었다. 연세대학교 경영대학원 연구과정을 다닐 때 해외연수를 통해 미국 오하이오 주립대학에서 구매購買에 대해 공부할 기회가 있었다. 사업을 하면서 경험적으로 체감하고 있었지만 이미 선진국에서는 구매학이 중요한 학문으로 자리 잡고 인정을 받고 있었다.

이때 힌트를 얻은 나는 귀국 후 과감히 회사의 창고를 없앴다. 전기공사업체에서 물류는 필수이고 창고 역시 필요조건이라고 여기던 시절이었다. 지금도 전기공사업체에 창고가 없다는 것은 있을 수 없는 일로 여길 정도다. 그러나 아무리 생각해도 창고를 유지하려면 부지敷地가 있어야 하고 관리인원도 적지 않게 필요했다. 게다가 공사 후 자재를 창고로 이동했다가 다시 현장으로 옮기는 등 비효율성으로 인해 이곳저곳에서 생기는 물류비용도 하나 둘씩 쌓이면 큰 비용이 된다.

나는 자재를 한곳에 쌓아두는 대신 사업장별 공정의 진행에 따라 필요한 현장으로 전환 공급하도록 조치했다. 그러다보니 재고관리에 들어가는 시간과 비용을 줄일 수 있었다. 이런 작업을 보다 효과적이고 효율적으로 진행하기 위해 ERP Enterprise Resources Planning 시스템을 도입했다. 전사적 자원관리시스템으로 불리는 ERP는 생산, 판매, 자재, 인사, 자금, 정보 등 모든 경영자원을 하나의 체계로 통합해서 관리함으로써 기업의 생산성을 높이는 종합경영 관리시스템이다. 이를 통해 본사의 인사·재무 관리는 물론 국내외 현장의 공사·원가 관리까지 실시간으로 확인할 수 있다.

그럼에도 불구하고 '혁신'이다

삼진일렉스가 전사적 자원관리를 시작한 것은 2007년이었다. 사업장이 늘어나고 수주하는 공사의 규모가 커지다보니 경영정보를 한눈에 볼 수 있는 시스템이 필요했다. 업계 관행에 따른 어림짐작이 아니라 돈과 자재의 흐름을 실시간으로 정확하게 확인할 수 있다면 자원의 효율적 분배로 한발 더 성장할 수 있을 것이라 생각했다.

사실 전문건설업체에서 ERP를 도입하기란 여간 어려운 일이 아니다. 종합건설업체는 관리가 중심이어서 기입할 데이터가 상대적으로 적지만 삼진일렉스의 경우 구매 관련 부서에서 쓰는 전기 자재 마스터 코드만 6만5000개에 현장코드까지 더해지면 총 18만 개에 달한다. 최초 데이터 입력이 복잡한 만큼 시스템을 구축하는 데에도 오랜 시간이 걸렸다. 조직원들이 시스템을 제대로 활용할 수 있도록, 삼진일렉스의 특성에 맞는 시스템으로 개선하는 지난한 과정을 견뎌야 했다. 세분화된 데이터를 입력하고 제대로 활용하려면 조직 구성원들의 많은 노력이 필수였다. 이런 여건은 대기업과 달리 전문건설업체에서 ERP를 구축하는 데 한계로 작용했다. 게다가 여느 기업과 마찬가지로 구축과정에서 시행착오도 있었다. 임원을 중심으로 ERP 도입 결정과 구축과정에서 비판적 목소리가 끊이지 않은 것은 어찌 보면 당연한 수순이었다.

당시에는 임원들 중 대기업에서도 활용하지 못하는 시스템을 왜 전문업체에서 하느냐는 비판적 견해를 피력하는 이들이 적지 않았다. 후일담이지만 한 임원이 "이걸 제대로 완성할 수 있겠나. 결국 돈만 낭비하게 될 것"이라며 도입 실패를 공언하기도 했다니 조직 내 저항이 얼마나 심했는지 상상이 갈 것이다.

하지만 나는 뚝심 있게 ERP 도입을 밀고 나갔다. 마침 사내 기술연구소장으로 영입한 임원분이 모 그룹에서 ERP 구축을 주도한 경험이 있어 그 임원을 중심으로 실무를 진행했다. 그것은 '업계 최초'라는 칭호를 획득하기 위한 독선적 의사결정이 아니라 투명 경영과 향후 기업의 성장을 위해 ERP 도입이 반드시 필요하다는 확신 때문이었다. 업계에서 통용되는 익숙한 방식에 따르는 것만으로도 큰 문제는 없었지만 당시 교류하던 경영자들은 물론 학계의 유력인사들과의 대화를 통해 시대의 변화에 따른 우리 기업의 대처방안을 심각하게 고민했기 때문이기도 했다.

오랜 시간의 노력으로 마침내 2009년 기업구성원 모두가 자유자재로 쓰는 ERP 시스템을 구축할 수 있었다. 일단 구축이 완료되자 변화의 바람은 순식간에 회사를 뒤덮었다. 업계 최초로 ERP 구축이 완료되자 임원들은 시스템 활용을 적극 권장하는 입장으로 돌아섰다. 수많은 국내외 현장의 업무를 시간과 공간에 구애받지 않고 처리할 수 있다는 편리함에 흠뻑 빠진 것이었다. 전국 현장의 실시간 자재 공급 현황에서부터 인력 출반입, 자금흐름까지 사무실 컴퓨터는 물론이고 스마트폰으로도 처리할 수 있으니 업무의 효율성과 투명성이 확보됐다. 당시 중동으로 출장을 간 한 임원은 "해외에서도 하루에 1시간씩 ERP 시스템에 접속하니 국내업무를 무리 없이 처리할 수 있었다"는 자랑 아닌 자랑을 늘어놓기도 했다.

ERP의 또 다른 효과는 전체적으로 기업의 역량이 업그레이드된다는 점이다. 품질과 안전관리 등 다양한 분야가 한데 묶여서 돌아가기 때문에 경영자가 솔선수범으로 투명하게 경영하는 모습을 보이면 구성원들의 윤리의식도 자연스럽게 높아지는 효과가 있었다. 일하는 방식도 보다 구체화돼 부서회의에서도 데이터에 기반한 의사결정이 일반화되는 효과도 거두었다.

현재 모바일까지 완벽하게 연동되는 ERP를 전 사원이 활용하는 수준으로 볼 때 업종 내에서 만큼은 삼진일렉스가 최고라고 자부하고 있다. 실제로 시스템 구축 후 대기업 직원이 실사나 세무조사에서 삼진일렉스의 ERP 활용수준과 투명성에 감탄하고 돌아간 경우도 많았다.

시스템을 통한 혁신은 현재진행형이다. ERP를 구축한 후에도 단계적 업그레이드를 지속적으로 진행하고 있다. 2016년에는 ERP를 비롯한 전사적 전산관리시스템을 혁신할 계획이다. 이렇게 되면 2025년까지는 사용에 무리가 없을 것으로 전망하고 있다.

간혹 ERP 무용론을 주장하는 중견기업 경영자들을 만날 때가 있는데, 내가 판단하기에 그들은 투명 경영에 대한 의지가 없거나 기업 성장에 대한 꿈이 없는 이들이라 생각한다. 효율성과 투명성은 결국 생산성과 연결된다. 이는 경영 혁신을 위한 투자를 아끼면 안 되는 이유이기도 하다.

물론 매출이 적은 중소기업의 경우 무리하게 자체적인 ERP를 구축할 필요는 없다. 전기공사업계도 공사협회나 공제조합이 나서서 범용으로 개발된 ERP를 저렴한 비용으로 조합원사에 공급하고 컨설팅을 진행해 경영효율을 극대화시킬 수 있도록 돕는 것이 업계 발전을 위한 훌륭한 방안이 될 수 있을 것이라고 생각한다. 편의점 아르바이트생들이 단 몇 분만 교육받으면 활용할 수 있는 IT 도구를 기업 경영에 활용하지 못할 이유는 어디에도 없으니 말이다.

손해 보더라도 피해를 주지 않는다

"전라도 사람들은 뒤끝이 좋지 않아."

요즘은 과거에 비해 지역감정이 많이 해소되었지만 젊은 시절 내가 사업을 한창 키울 때는 이런 이야기를 흔히 들었다. 전라남도 영광 출신의 촌놈인 나는 이 말을 사업 성공이라는 말과 함께 늘 머릿속에 새겨두었다. 내가 바르게 처신해서 비이성적이고 다분히 선동적인 '전라도 사람들은…'이라는 성급한 일반화의 오류를 바로잡겠다고 다짐한, 일종의 도전 의식이었다.

흔히 주변의 도움으로 좋은 성과를 내는 사람을 일컬어 '인덕人德이 많다'거나 '인복人福을 타고났다'고 이야기한다. 얼핏 들으면 덕담처럼 느껴지기도 하지만 조금만 깊이 생각해보면 이 말에 많은 뜻이 담겨 있음을 알게 된다.

만약 유비가 삼고초려三顧草廬를 하지 않았다면 희대의 인재인 제갈공명을 얻을 수 있었을까? 꼭 필요한 인재를 얻기 위해서라면 자존심을 종잇조각 버리듯 내팽개칠 수 있는 유비였기에 가능한 일이었을 것이다. 주변을 둘러보면 지나치게 자존심을 내세우거나 성격이 쌀쌀맞은 사람들은 다른 사람과 정을 나눌 줄 모르는 경우가 많다. 이런 사람을 두고 인덕이 넘친다고 말할 수는 없을 것이다.

1년 내내 연락 한 번 없다가 어느 날 전화를 하는 사람은 십중팔구 집안에 생긴 경조사 때문이다. 반면에 비록 직접 만나지는 않더라도 수시로 전화를 하거나 메일을 보내 안부를 묻고 관심을 표현하는 사람이 있다. 둘 중 어떤 사람에게 마음이 기울지는 불문가지 不問可知일 것이다.

인복은 타고나는 것이 아니라 스스로 개척하고 만들어나가는 것이다. 인덕은 남을 진심으로 배려하고 도와주려는 사람에게 찾아온다. 인간은 어쩔 수 없이 사회적 관계를 맺고 살아가야 하는 존재다. 누구를 만나 어떤 관계를 맺고, 그 관계를 어떻게 지속해나갈 것인지는 결국 내 자신이 결정해야 할 일이다.

사람은, 사람과의 **관계** 는 ⋯

나는 한번 인연을 맺은 사람과는 오랜 기간 관계를 유지하는 편이다. 처음에 얼굴을 마주하고 나서 그 사람이 일단 내 마음속에 들어오면 어쩐지 안부가 궁금하고 절로 관심이 간다. 돌이켜보면 공무원으로 일하던 시절 나는 몇몇 분과 참 소중한 인연을 맺었다.

첫 발령지인 영등포구청 토목과로 출근하고 며칠이 지났을 때의 이야기다. 서울시청 감사실에서 호출이 왔다. 감사실에서 나를 왜 부르는지 궁금했지만 말단 공무원이니만큼 누구에게 물어볼 겨를도 없이 얼른 달려갔다. 감사실에 들어서자 누군가 내게 반갑게 인사를 건넸다. 박형원 감사계장이었다.

"자네 고향이 영광인가?"

"네, 그렇습니다."

"반갑네. 나도 고향이 그곳일세. 이번에 한 문제 차이로 차석으로 합격했더군. 열심히 근무하게."

박 계장님이 내 손을 꼭 잡으며 말했다. 따뜻했다. 터놓고 마음을 나눌 사람 하나 없는, 사면초가四面楚歌와도 같은 서울 생활에서 천군만마를 얻은 기분이었다. 믿고 따를 수 있는 멘토가 생겼으니 얼마나 기뻤을지 능히 짐작할 수 있으리라.

이후 나는 편지를 보내거나 전화를 걸어 박 계장님의 안부를 수시로 여쭈었다. 또 근무지를 옮기거나 군에 입대할 때 등 신변에 변화가 생길 때마다 근황을 전해드렸다. 내 마음이 전해졌는지 박 계장님은 군대 시절 면회를 오시기도 했고, 군 제대 후에는 사업자금을 빌려주시기도 했다. 박 계장님은 관악구청장직을 끝으로 공직을 떠나셨고 지금은 만날 수 없는 고인이 되셨다. 어려운 시기에 나를 따뜻하게 감싸주시던 분이 곁에 계시지 않으니 안타까울 뿐이다.

공무원 시절 인연을 맺은 민간 사업자들 중에 아직도 잊지 못하는 분이 두 분 있다. 영등포구청에 근무하다가 중구청 산업과로 전근을 가게 되었을 때의 이야기다. 이임移任 전날 중년의 신사가 날 찾아왔다. 그는 내게 말없이 봉투를 내밀었다. 한사코 거절했지만 그는 막무가내로 주머니에 봉투를 구겨 넣으며 말했다.

"새 사무실로 출근할 때 와이셔츠나 하나 사 입으소."

나는 그 봉투를 받지 않을 수 없었다. 떠나는 사람에게 와이셔츠라도 한 벌 선물하고 싶어 하는 그 고마운 마음을 어찌 거절하겠는가. 나는 퇴근 후 그분의 바람대로 봉투에 든 돈을 몽땅 털어 새 와이셔츠를 한 장 샀다. 그리고 다음 날 그 와이셔츠를 입고 중구청 산업과에 출근했다.

훈련소에 입소하는 날 새벽에 나를 훈련소까지 배웅해주신, 한국전기안전공사 태동의 주역인 북부사업소 소장님도 잊지 못한다. 그분은 내가 입소한다는 소식을 듣고 몸소 1톤짜리 픽업트럭을 몰고 오셨다.

"이른 새벽에 어쩐 일로 오셨습니까?"

"오늘 훈련소에 모셔다드리려고 왔습니다."

"아닙니다. 그러실 필요 없습니다. 혼자 가겠습니다."

동력자원부의 고위공무원 출신인 그가 새파랗게 젊은 나를 '모셔다드린다'니! 이루 말할 수 없이 난처했다. 한사코 거절했지만 그 완고함을 끝내 이기지 못했다. 결국 나는 수색에 있는 30사단 정문까지 그분이 모는 트럭을 함께 타고 가게 됐다. 그분은 내가 차에서 내려서는 순간 등에 멘 내 가방에 쏜살같이 봉투를 꽂고는 급히 차를 몰고 떠났다. 나중에 열어보니 모두 신권으로 1만원짜리, 5천원짜리, 1천원짜리가 각각 몇 장씩 들어 있었다. 군대에서 쓰기 쉽게 액권별로 준비해주신 걸 보고 그 살뜰함에 마음이 절로 뭉클해졌다. 그분은 진실한 마음만이 사람을 감동시킬 수 있다는 것을 깨닫게 해주었다.

조 지라드의 '250명 법칙'

이따금 외부 강연 요청이 들어올 때면 '조 지라드의 법칙'을 자주 인용한다. 미국의 자동차 판매왕 조 지라드가 주창한 '250명 법칙'은 세일즈맨뿐만 아니라 직장인이라면 누구나 지침으로 삼을 만하다.

미국 디트로이트의 가난한 집안에서 태어난 조 지라드는 8살 때부터 구두닦이와 신문팔이를 하며 돈을 벌었다. 어려운 집안형편 때문에 고등학교를 중퇴한 그는 접시닦이나 건설현장 인부 등 40여 가지가 넘는 직업을 전전하다가 쉐보레 대리점에 영업사원으로 입사하게 된다.

초라한 행색에 말까지 더듬었던 조 지라드. 하지만 그는 주위의 예상과 달리 14년 동안 1만3001대의 차를 판매했으며 12년 연속 자동차 판매왕 자리를 지켰다. 하루에 평균 6대의 차량을 판 그의 기록은 아직 아무도 깨지 못했다.

조 지라드 법칙의 핵심은 인간관계를 소중히 여겨야 한다는 것이다. 그의 조사에 따르면 지인의 장례식이나 결혼식에 참석하는 문상객이나 하객은 평균 250명이었다. 이는 한 사람이 평균 250명과 관계를 맺는다는 의미이다. 그럴 경우 한 사람과 관계를 맺으면 그가 알고 있는 250명과도 인간관계를 맺을 수 있다는 계산이 나온다.

조 지라드는 자신이 발견한 사실을 영업에 이용했다. 그는 최선을 다해 고객을 대했고 고객은 그의 친절함에 감동을 받았다. 이후 그에게 자동차를 구입한 고객이 새로운 고객을 추천해주면서 꼬리를 물고 새로운 고객이 그를 찾아왔다. 이것이 그가 12년 동안이나 자동차 판매왕 자리를 지킨 성공 요인이다. 삶에서 인간관계가 얼마나 중요한 영향을 끼치는지 한눈에 알 수 있는 사례다. 250법칙은 그 반대로도 영향력을 발휘할 수 있다. 한 사람에게 부정적인 평가를 받는다면 단순히 내가 확보할 수 있는 250명의 고객만 놓치는 것이 아니라 나에 대한 부정적 인식이 퍼져 나의 성장잠재력마저 떨어뜨릴 수 있는 것이다.

경영이란 무엇일까? 좋은 사람을 뽑아 능력에 합당한 자리를 주어 성과를 내게 하는 것이 아닐까? 그리고 그 사람에게 동기를 부여해 더 큰 목표를 향해 일할 수 있도록 돕는 것이 아닐까? 삼진일렉스 역시 나 혼자만의 힘이 아니라 직원들과 외부관계자 등 수많은 이해관계자의 관심과 노력으로 지금의 자리까지 올 수 있었다. 더불어 한번 소중한 인연을 맺은 사람들과 다시는 만나지 않을 것처럼 헤어지는 것도 도리가 아니라고 생각한다.

나는 지금껏 그랬듯이 앞으로도 사람 관계에서 마무리를 중요하게 여길 것이다. 개중에는 나의 이런 생각을 내가 전라도 태생이라서 지니게 된, 일종의 강박이라고 폄훼하는 사람도 있을 것이다. 하지만 내가 손해를 보더라도 남에게 피해를 주지 않겠다는 마음을 가져야만 헤어짐도 아름답게 마무리할 수 있다고 생각한다.

사실 사람과의 인연이 소중하다는 것에 대해서는 거론할 여지조차 없다. 지금 당장은 헤어지더라도 언제든 다시 만나게 되는 것이 인생이다. 좋은 인상으로 끝을 맺어야 다음에 기쁘게 만날 수 있다. 세상은 어떻게든 연결되어 있으니 말이다.

진정한 리더십을 생각하다

학자들이 말하는 훌륭한 리더십의 조건은 대단히 많다. 도대체 한 사람이 저 많은 미덕을 모두 갖춘다는 게 가능할까 하는 생각이 들 정도다. 그래도 틈이 날 때마다 관련 서적을 들춰보는 이유는 혹시나 내가 빠뜨린 것은 없는지 점검하고, 조직원들에게 긍정적인 영향을 미칠 수 있는 방법론을 찾을 수 있지 않을까 해서다.

수많은 리더십 관련 서적을 읽으면서 30여 년 동안 기업을 이끌어온 내 경험을 압축한 나만의 리더십을 정리해보고 싶었다. 내 나름대로의 정의가 명확하지 않으면 특정이론이나 유행에 따라 이리저리 휩쓸리기 쉽기 때문이다. 게다가 내 진심을 팔로워follower들의 가슴에까지 전달하려면 그저 다른 사람들의 말을 긁어모아서는 한계가 있을 것이라고 생각했다.

나만의 리더십을 정리하겠다고 마음먹은 후 지금까지의 경험과 인간관계에서 체득한 다양한 가치를 적어 책상 위에 늘어놓았다. 그리고 이리저리 카테고리를 나누고 조합했다. 이런 과정을 거쳐 도출해낸 결론은 '솔선수범率先垂範' 즉, 자기희생적 리더십이었다.

물론 요즘 부각되고 있는 소통을 통한 비전의 공유나 공감, 동기부여 등도 모두 중요한 가치였다. 이를 주제로 하면 뭔가 멋지고 스마트해 보이는 말도 많이 쓸 수 있을 것 같았다. 하지만 역시 기본이 중요하다고 생각했다. 리더가 갖춰야 할 기본적 자세는 자기 절제를 통해 구성원들에게 모범을 보일 수 있도록 솔선수범해야 한다는 게 내 결론이다. 한 기업의 리더는 구성원들로부터 전문성뿐만 아니라 한 인간으로서 인격적으로 존경받을 수 있는 인성을 지녀야 한다는 생각 때문이기도 하다.

주중에 쓸데없이 골프를 치러 다니거나 해외 원정도박으로 시간과 돈을 허비하는 리더leader가 조직구성원follower들에게 열심히 일하라고 요구한다면 가슴속 깊은 곳에서 우러나오는 존경을 받을 수 있을까? 조직원들의 롤모델이 되어야 할 리더가 흐트러진 생활 모습을 보여준다면 결코 좋은 영향을 미칠 수 없을 것이다. 비전의 달성을 위해 함께 노력하는 방향으로 만들어져야 할 기업의 조직문화는 그야말로 사분오열四分五裂, 파편화되고 말 것이다. 조직원들이 서로 다른 곳을 바라보는 기업이 지속가능한 성과를 내기란 낙타가 바늘귀에 들어가는 것만큼 어려운 일이다.

경영자가 분식회계를 일삼는 등 정도·윤리 경영을 하지 않으면서 직원들에게는 사회적 책임이나 정직을 강조하는 경우도 마찬가지다. 조직원들은 리더의 말을 무겁게 여기지 않을 것이다. 오히려 해당 경영자의 말을 교언영색巧言令色이나 혹세무민惑世誣民이라고 여겨 들을 가치조차 없다고 평가할 것이다.

리더는 스스로 바른 몸가짐과 경영활동을 보여주어야 천 마디 말보다 깊은 공감을 얻어낼 수 있다고 믿는다.

치밀함에 기반한 목표 설정

내 스스로 생각하는 리더십을 하나하나 정리하는 과정에서 가장 관심을 끈 것은 바로 '야신野神'이라 불리는 김성근 한화이글스 감독의 리더십이었다.

고백하자면 김 감독의 리더십에 대한 각종 보도를 스크랩하는 과정에서 나도 모르게 감정이입이 되기도 했다. 김 감독이 젊은 시절, 재일동포 출신이어서 차별을 겪었다는 대목에서는 호남 출신이라는 이유만으로 보이지 않는 사회적 냉대를 겪어야 했던 내 과거가 떠올랐다. 또 어떤 어려움이 와도 불굴의 의지로 승리를 향해 나아가는 모습에서 젊은 날의 나를 보는 듯했다. 김 감독을 한 번도 만난 적은 없지만 그의 마음속이 훤히 보이는 듯한 묘한 느낌이 들었다.

김 감독의 리더십에 대한 자료를 모으면서 프로야구 감독의 리더십이 경영자가 갖춰야 할 리더십과 별반 다르지 않다는 것을 실감했다. 그리고 내 나름대로 정리한 리더십을 그의 리더십에 비추어 더 풍성하게 성장시켜보자는 생각을 가지게 되었다.

"여기까지가 한계라고 말하면 거기서 멈춘다. 하지만 인간에게 한계는 없다. 조금씩 목표를 높이고 이를 달성함으로써 한계를 극복해나가면 더 높은 곳으로 다가갈 수 있다."

평소 김성근 감독의 주장이다. 김 감독은 선수들 스스로 한계를 정하지 않도록 돕는다. 끝없이 앞으로 나아갈 수 있도록 독려한다. 또한 최선의 노력을 다해야만 비로소 달성할 수 있는 목표를 선수들에게 제시한다. 선수가 최선의 노력을 통해 목표를 달성하면 그 다음에도 딱 그만큼 앞선 목표를 제시한다. 이렇게 도전과 극복의 과정이 반복되면 선수들은 어느 순간 성큼 성장한 자신의 모습을 발견하게 된다. 프로야구 선수로서 탁월한 기량을 지니게 되니 물질적 보상이 자연스레 따라오고 이에 동기부여가 된 선수들은 더 큰 목표를 위해 스스로를 채찍질한다.

우연의 일치인지는 모르지만 나 역시 사업 초기부터 직원들에게 성취 가능한 목표를 제시하기 위해 노력했다. 무리한 목표 설정으로 직원들에게 쓰라린 시행착오의 경험을 안겨주기보다는 성공의 경험을 쌓게 해주는 리더가 되는 편이 좋다고 생각했기 때문이기도 하다. 목표를 달성할 때의 성취감을 직원들이 만끽할 수 있게 해주고 싶었다.

나는 각 부서나 직원들의 역량을 고려해서 각자가 최대한의 역량을 발휘해야만 달성할 수 있는 목표를 제시해왔다. 손쉽게 달성 가능한 목표가 아니라 온몸을 쭉 뻗어야 닿을 만한 거리의 목표였다. 특히 직원들이 목표를 달성해가는 과정에서 스스로 성장하고 있다는 자부심을 느끼도록 하는 데 주안점을 두었다. 직원 개개인의 발전은 곧 회사의 성장을 의미하고 회사가 성장하면 직원들에게 혜택이 돌아간다는 사실 또한 직원들에게 주지시켰다.

이런 목표를 제시하려면 그에 앞서 직원 개인은 물론이고 부서와 기업 전반의 역량을 세밀하게 분석하고 평가해야 한다. 현실성 없는 목표는 일을 시작하기도 전에 조직원들의 의욕을 감퇴시키기 때문이다.

비현실적인 목표는 한낱 구호에 지나지 않는다. 경영자가 실현 가능하지 않은 매출 목표를 일방적으로 발표하고는 '모두 나를 따르라!'고 말하는 것은 산업화 시대의 패러다임이지 현재에 통용되는 리더십이 아니다. 마치 구름 위에 올라앉은 듯한 목표치를 자기 마음대로 제시하고서 조직원들에게 도전 정신과 열정을 일방적으로 강요해서는 아무런 성과를 낼 수 없다.

삼진일렉스는 해외시장에 진출할 때도 미리 현지 상황을 철저히 분석하여 진출 시기와 달성 목표를 잡았다. 몇몇 대형 해외 프로젝트를 성공시켰다는 것만 믿고 막무가내로 해외시장에 나갔다면 직원들 고생은 이루 말할 수 없었을 것이고 지금과 같은 현지법인화도 불가능했을 것이다.

마리한화에서 재확인한 리더십

'마리한화', 2015년 한화이글스의 경기를 두고 네티즌들이 만들어낸 말이다. '마리화나'에 '한화'를 엮어 만든 한화이글스의 별명으로, 한화의 극적인 경기를 빗댄 표현이다. 야구 전문가들은 3년 연속 꼴찌를 기록했던 한화이글스가 이런 성과를 낸 이유를 '야신野神' 김성근 감독의 리더십에서 찾고 있다. 물론 2015 시즌 성적이 6위에 그쳤다는 것은 아쉬운 일이지만….

그렇다면 김성근 감독의 리더십 전반을 관통하는 미덕은 무엇일까? 냉정한 분석력, 승리에 대한 끝없는 열정, 사람에 대한 신뢰 등 장점이 많은 만큼 다양한 분석이 등장하고 있지만, 나는 그가 리더로서 모든 책임을 지는 자세를 견지하고 있다는 점에 주목했다.

김 감독은 모든 결과의 책임을 자신이 진다. 경기 결과에 대해 타선이 부진했다든지 투수들의 컨디션이 좋지 않았다는 식의 변명 대신 "감독의 미스다"라고 간단히 정리한다.

시즌이 시작되기 전에는 1인당 수십억원을 투자해야 하는 FA선수 영입을 구단에 강력히 요구했다. 3년 연속 꼴찌를 한 팀이니만큼 안전하게 리빌딩을 명분으로 삼을 수도 있었지만 그는 치열하게 정면 돌파를 선언한 것이다. 구단이 거액을 투자한 만큼 충분한 성적이 나오지 않을 경우 자기 발등을 찍을 수도 있는 요구였다. 모든 것을 자신이 책임지겠다는 자세가 아니라면 선택할 수 없는 길이라고 생각한다.

기업의 의사결정도 어려운 이슈일수록 마지막까지 남는다. 그것은 결국 리더가 선택해야 할 몫으로 남고, 그 선택에 대한 책임도 리더가 져야 한다. 피할 수 없는 숙명이다. 이런 측면에서 김 감독의 리더십은 내게 큰 감동을 주었다.

김 감독에게서 찾은 또 하나의 강점은 '리더는 사람을 버리면 안 된다'고 강조한다는 점이다. 기량이 약간 모자라더라도 끝까지 선수의 가능성을 믿어주고, 그 선수가 지닌 장점을 찾아내 최대한 발휘하도록 이끌어주는 모습에서 기업의 리더가 어떤 자세로 인재를 육성해야 하는

지 힌트를 얻을 수 있었다. 그리고 혹사 논란에도 불구하고 마운드를 굳게 지켜내던 한 투수의 볼을 토닥토닥 만져주는 장면에서 마음으로 소통하는 리더의 참모습을 발견할 수 있었다.

나 역시 기업 경영에서 사람이 가장 중요한 요소라고 생각한다. 리더 혼자 모든 일을 다 할 수도 없거니와 조직원들과 함께했을 때 더 큰 성과를 낼 수 있다는 것을 이론뿐만 아니라 경험을 통해서도 충분히 검증했다. 때문에 나는 삼진일렉스가 하고자 하는 일을 통해 실현가능한 가치를 구성원들과 공유하는 것을 중요하게 생각한다. 일의 가치와 목적을 공유함으로써 구성원 각자가 자신의 일에 자긍심을 가질 수 있게 하기 위해서다.

특히 리더는 직원들이 더욱 큰 가치를 지향할 수 있도록 이끌어주어야 한다. 회사와 개인의 성장을 위해 일한다는 수준을 넘어 '내가 이 사회에 기여하고 있으며 가치 있는 일을 하고 있다'는 사명감과 소명의식을 가질 수 있도록 이끌어야 한다.

이처럼 구성원들과 비전과 정보를 공유하고 협력하면 기업의 성과는 자연히 따라온다. 성장에 대한 지향성 없이 단순히 월급을 받기 위해 일하는 직원이라면 기계와 다를 바 없다. 경영자가 구성원을 기계에 지나지 않도록 방치하는 것은 회사와 직원 모두에게 손해일 뿐이다.

'오늘 할 일은 반드시 오늘 끝낸다'는 것은 김 감독과 나의 공통점이다. 김 감독이 경기 후 수비 훈련을 위해 직접 펑고를 쳤다는 뉴스를 접할 때마다 눈앞에 할 일이 있으면 내일로 미루지 못하는 나와 비슷하다는 생각을 했다. 사실 이런 현상은 대부분의 리더들에게 나타나는 공통점일 것이다. 대부분의 리더는 빠르고 완벽하게 일하는 것을 추구한다. 어떤 일이든 매듭을 지어야 할 때는 확실히 마무리해야 성과로 연결된다는 점을 경험적으로 알기 때문이다.

기술은 생명이다

1990년대 중반은 삼진일렉스의 희망찬 미래를 설계한 뜻깊은 시기다. 당시 나는 삼진일렉스의 명확한 미래상을 설계하지 못해 고민에 빠져 있었고, 해결의 실마리를 찾기 위해 일본의 전기시공업체 긴덴Kinden社를 방문했다. 그곳에서 나는 삼진일렉스가 나아갈 미래의 훌륭한 이정표를 세울 수 있었다.

직접 경험한 긴덴의 핵심역량은 앞선 기술이었다. 긴덴사는 끊임없이 외부 인재를 영입하는 동시에 지속적인 전문교육을 통해 내부 인재를 길러내고 있었다. 1년 내내 기술교육이 진행되어 직원의 10%는 항상 교육 중이었다. 이후 2000년대 초에 다시 방문했을 때는 전체 직원 2400여 명 중 기술사가 124명에 달했다. 직원의 5%가 자국 최고의 기술인재이니 기업의 경쟁력이 얼마나 강한지 미루어 짐작할 수 있을 것이다. 긴덴사는 이 같은 기술 경쟁력을 바탕으로 해외시장에서도 큰 성과를 내고 있었다. 특히 단순한 시공이 아니라 CM Constructure Management을 통해 높은 부가가치를 올리고 있었다.

전문업체 긴덴사는 지난해에도 약 8조원의 매출을 올리며 유수의 대기업들을 제치고 일본 전기시공업계 1위 자리를 굳건히 지키고 있다 2014년 기준 미츠비시 전기 2위, 도시바 3위, 히타치 5위. 전기, 정보통신, 보안, 태양광, CO_2 관련 사업 영역 등에서 기술우위를 바탕으로 시장지배력을 확대해나가고 있다.

10년을 준비해 완성한 **기술연구소**

긴덴사 방문은 내게 커다란 도전과제를 안겨주었다. 동시에 글로벌 시장 진출과 CM을 통한 높은 부가가치 창출이라는 새로운 목표를 가지게 되었다.

특정 영역을 전문으로 하는 전문업체가 전문기술을 보유하려 노력하는 것은 당연한 일이다. 하지만 당시의 국내 사정을 볼 때 긴덴사처럼 최고의 기술력을 갖추는 것은 쉽지 않았다. 선진업체에 비해 뒤처진 시공기술을 선진화하는 일이나 자재 개발, 지적재산권 확보 등은 당시로서는 매우 어려운 일이었다. 모두가 전담조직을 구성해 연구하고 개발하는 과정을 거쳐야만 가능한 일이었다. 결국 긴덴사 방문 마지막 날 회사가 발전하고 글로벌 시장에 진출하려면 기술연구소가 꼭 필요하다는 결론을 내렸다.

이는 삼진일렉스가 차별화된 경쟁력을 보유하기 위해서만 내린 결정은 아니었다. 국내의 전문업체들이 대기업으로부터 제대로 된 평가를 받기 위해서는 기술적으로 한 단계 도약해 당당한 전문가집단으로 자리매김하는 것이 우선이라고 생각했다. 귀국 후 나는 차분히 연구소 설립을 준비해나갔다.

2007년 7월 11일. 기술연구소 설립을 계획한 지 10여 년, 본격적으로 준비한 지 5년 만에 서울 논현동 본사에서 개소식을 가졌다. 당시 업계 한 일간지는 기술연구소 개소식 뉴스를 이렇게 보도했다.

"전문시공업체가 기술연구소를 설립한 것은 매우 드문 일로 삼진일렉스는 앞으로 연구소를 통해 신기술과 신공법을 연구, 개발하여 전기공사업계의 시공기술을 한 단계 끌어올리는 데 기여한다는 방침이다."

삼진일렉스의 기술연구소는 개소 이후 지금까지 꾸준히 내실 있는 결과물을 내놓고 있다. 떠들썩한 언론플레이 등에 치중한 외화내빈外華內貧 대신 차별화된 기술력을 보유하는 방향으로 연구를 지속해왔다. 그동안 연구소는 시공지침서의 개발연구, 지적재산권 연구 및 관리, 시공현장 기술 지원 등을 주도해왔다. 시공기술 개발 못지않게 중요한 것이 경쟁력 있는 관련 자재이기 때문에 신기술에 어울리는 관련 자재를 개발하기 위해서도 노력해왔다.

시공도면 표준화, DB화와 함께 VE Value Engineering 시스템 적용 등 엔지니어링 기술 개발도 실시했다. 신재생에너지 분야 연구는 풍력, 태양광, 지열 등 미래 주요 에너지원과 관련된 통합 시공기술을 개발했다.

개소 이후 지난 8년간 다양한 분야의 연구를 진행해온 노력으로 전기철도 외에 465공종을 운영 중이며 시공지침서를 만들어 연간 2000

명 이상이 시스템에 접속해 활용하고 있다.

지적재산권과 관련해서는 가전기기 및 전자기기의 전력사용량 이력관리 측정시스템, 전차선 자동장력조정장치 등 4개의 특허와 플로그형 LED전구 연결 접속구 등 2개의 실용신안을 보유하게 되었다.

지금 이 순간에도 우리 기술연구소는 기업의 핵심 경쟁력 중 하나인 기술경쟁력 강화를 위해 노력하고 있다. 사업영역 확장에 따라 시공지침서를 다양화, 업그레이드하고 시공기술의 개발을 통한 시공품질 개선방안을 연구하고 있다. 또, 주기적인 기술교육을 통해 현장관리자의 능력을 높이고 있다.

개소식 당시 연구소가 기반을 잡으면 별도 법인화를 통해 전기공사업계 대표 연구소로 만들 계획도 세웠는데 이 생각은 여전히 변함없다.

8월의 어느 더운 날이었다. 저녁 식사를 하던 나는 존경하는 업계 선배님의 메시지를 받았다. 스마트폰의 대화창을 열어보니 칭기즈칸 동상 앞에 당당히 서 있는 선배님의 사진과 함께 메시지가 도착해 있었다.

"기술로 세계를 지배합시다."

70세를 훌쩍 넘긴 선배의 호연지기浩然之氣. 세계를 향한 그의 도전에 가슴이 뭉클해졌다. 긴덴사를 처음 방문해 기술로 글로벌 시장을 석권하는 청사진을 그리던 그날 밤의 두근거림이 떠올랐다. 학계와 업계 인사들의 축하를 받은 기술연구소 개소식에서 "더 큰 미래를 꿈꾸겠다"고 말한 내 모습과 해외 대형 프로젝트를 처음으로 수주해 무사히 완공했을 때의 뿌듯함이 되살아났다.

선진화되고 전문화된 기술을 보유한 삼진일렉스가 글로벌 시장에서 강자로 인정받는 전문업체가 되는 그날을 위해, 나는 오늘도 달릴 것이다.

사회적 공헌은 운명이다

국민생활체육협의회 중앙회 이사로 활동하던 1998년, 엄삼탁 당시 국민생활체육협의회장의 강권에 떠밀려 전국족구연합회장을 맡은 적이 있다. 국가가 지원하는 단체이니만큼 회장으로서 처신만 잘하면 체육인들이 중심이 되어 모든 것을 해결할 것으로 짐작했다. 하지만 막상 회장으로 취임해보니 족구 경기와 관련한 각종 규칙이나 규정이 마련되어 있지 않았다. 게다가 족구협회에 들어오는 국가의 1년 지원금은 3800만원에 불과했다. 이 정도 자금으로는 협회 사무국을 운영할 수도, 족구 경기에 필요한 각종 규칙 제정을 위한 전문가 모임도 할 수 없었다. 회장직을 수행하기 위해서는 상당히 많은 열정이 필요할 것 같았다.

일단 일을 맡은 이상 대충 하는 법이 없는 기질은 이번에도 어김없이 발휘됐다. 시간과 돈을 들인다고 해도 제대로 할 수 있겠나 싶었지만 물심양면으로 투자한 결과 결국 재임기간 중에 많은 사람이 즐기는 족구 경기의 규칙을 모두 만들 수 있었다. 족구장 규격과 네트 높이, 족구공 등 경기에 필요한 각종 규칙과 제도를 전문가들의 의견을 반영해 만들도록 했다. 특히 족구공의 규격과 소재를 정하기 위해 전문가들과 상당히 많은 의견을 나눈 기억이 있다. 전문가들은 족구공이 크면 선수들은 편하지만 스피드 저하로 인해 관중들의 몰입도가 떨어지고, 공이 너무 작으면 관중들은 재미있는 반면 선수들이 힘들다는 의견을 냈다. 나는 전문가들과 여러 차례 협의하여 지금의 규격화된 새로운 족구공을 탄생시킬 수 있었다.

족구 경기를 위한 각종 규칙을 마련하고 70만 족구인의 각종 행사를 다니면서 생활체육의 중요성을 몸소 체험하고 그 속에 빠져들었다. 또한 국민의 경제수준이 올라갈수록 생활체육을 강화하는 것이 좋다는 이론을 온몸으로 실감할 수 있었다. 엘리트체육, 학교체육, 생활체육의 3대 체육활동 중 생활체육이야말로 국민건강에 가장 큰 영향을 미치는 요소임을 절감할 수 있었다.

지금도 나는 이 시기의 활동에 커다란 자부심을 느끼고 있다. 특히 현재 각종 대회가 개최되는 구기 종목 중 국내에서 개발한 유일한 종목이 족구임을 감안하면 비록 작은 부분이지만 스스로 사회에 기여했다는 뿌듯함을 느낀다. 엘리트 체육인들을 지원해 국위를 선양하는 것뿐만 아니라 국민들의 생활체육을 위해 기여하는 것 역시 기업인으로서 할 수 있는 훌륭한 사회적 기여라고 생각하기 때문이다.

국민생활체육 역시 중요한 국가정책으로 삼아야 한다는 게 내 소신이다. 조만간 대한체육회와 생활체육단체가 통합된다니 참으로 다행이고, 국민의 건강을 위한 체육선진화가 이뤄지고 있다고 생각한다.

우공이산(愚公移山)의 행보

　세상을 살아오면서 많은 사람에게 고마운 도움을 많이 받았다. 내게 도움을 준 것이 전적으로 그들의 선택에 따른 것이었다는 점을 생각하면 그 감사한 마음을 말로는 이루 다 표현할 수 없을 정도다. 사업을 하는 과정에서도 많은 분이 믿어주시고 힘을 주셨다. 가깝게는 개인적 친분이 있는 이들부터 삼진일렉스를 믿고 찾아주시는 많은 고객과 이해관계자들까지 정말 많은 사람이 도움을 주셨다. 나는 이런 분들의 은혜를 갚는 방법 중 하나가 사회적 기여라고 생각한다.

　때문에 삼진일렉스는 사회적 기여에 적극적으로 나서고 있다. 사실 처음에는 사회공헌에 대한 전략을 구체적으로 세우지 못했다. 돈과 시간을 투입해 소년소녀 가장, 독거노인분들에게 도움을 주는 방향으로 나눔을 진행해나갔다. 그런데 활동을 계속하다보니 혜택 대상자들을 지속적으로 확대한다거나 연속성을 확보하기가 현실적으로 쉽지 않았다. 그리고 우리가 제아무리 좋은 뜻을 가지고 있어도 도움을 받아야 할 분들이 마음을 열지 않으면 다가설 수가 없었다. 오랜 고민 끝에 3년 전부터는 전기공사 전문업체의 전문성을 살릴 수 있는 '사랑의 빛 나눔 운동'을 실천하고 있다. 사회복지시설을 중심으로 삼진일렉스가 지닌 재능을 나누는 방식의 새로운 사회봉사활동을 전개하고 있다. 현재 삼진일렉스의 전 직원은 1년에 1일 이상 재능나눔에 참여해 전기 관련 시설을 개보수하거나 설치하는 등의 활동을 하고 있다. 해외법인에서도 단순히 돈을 기부하는 것이 아니라 책걸상과 조명 등 학교 전반의 시설 인프라를 지원하는 방식으로 사회공헌활동을 진행해 현지 주민들의 호평을 받고 있다. 이런 사회공헌활동을 계기로 현지인들에게 신뢰를 얻음으로써 현지화에 도움이 되고 있는 것은 물론이다.

삼진일렉스가 단순한 시혜성 봉사를 넘어 업체의 전문성에 기반한 사회공헌을 실천하게 된 계기는 신촌 세브란스 병원 확장공사에 조언을 해주는 과정에서 재능나눔의 소중함을 알게 되었기 때문이다.

병동 확장을 위한 공사를 진행 중이던 세브란스 병원은 규모 확대에 따라 필요한 전기용량이 늘어날 수밖에 없었다. 때문에 154,000KV가 가능한 변전소를 새로 건설해야 할 상황이었다. 평소에 존경하는 연세대학교 김기영 부총장님께서 사석에서 변전소 건설을 위해 200억원 이상의 예산 증액이 필요하게 돼 고민이라는 말씀을 하셨다. 나는 연세대학교에 변전소를 지으면서 주변 수용가의 전력을 함께 공급하는 한편 한국전력과 협의해 부지 사용료를 받으면 건설비용을 절감할 수 있다는 의견을 냈고, 내 말을 따른 세브란스 병원은 변전소 건설에 필요한 증액분을 절감할 수 있었다.

이 경험은 나와 삼진일렉스가 지닌 전문지식이 더 큰 사회적 기여를 가능케 하는 원동력임을 깨닫게 해주었다. 이후 나는 회사의 사회공헌활동을 재조정하는 한편 남들의 눈에 보이는 커다란 일은 아니지만 지속적으로 업계의 발전을 위해 노력해왔다.

업계 최초로 윤리 경영을 선포해 모범이 되길 자청했고, 업계 내 정도 경영 확산을 가속화하기 위해 전기공사협회의 정도경영선포추진위원장을 맡아 '정도경영실천운동'을 주도했다. 기술연구소를 만들어 연구개발의 필요성을 업계에 환기시키기 위해 노력했고 안으로는 기술역량 축적을 위해 애써왔다.

앞으로도 나는 업계의 발전을 위한 나름의 발걸음을 계속할 것이다. 비록 남들이 모두 인정하는 큰 걸음은 아닐지라도 긍정적 의미의 우공이산愚公移山의 행보를 지속할 것이다. 국내외의 유명한 거부들처럼 수십조의 돈을 들여 재단을 건립할 수는 없지만 업계의 보다 나은 미래를 위해 나와 삼진일렉스가 지닌 비전과 기술역량을 공유할 것이다. 그리하여 우리 전기공사업계에 정도 경영으로 신뢰받는 기업, 강력한 기술력이 자랑인 강소기업이 많아질 수 있도록 견마의 노력을 다하려 한다.

자연을 닮은 사람이 되고 싶다

 "열심히 일할 수 있는 하루를 주셔서 감사합니다. 오늘도 가치 있는 일을 할 수 있도록 도와주십시오."

사업을 시작한 후 매일, 하루도 빠짐없이 이렇게 기도해왔다. 기도를 마치고 출근길에 올라 늦은 시간 퇴근할 때까지, 30년이 넘는 긴 시간을 하루처럼, 참으로 열심히 일해왔다. 어느새 나이도 환갑을 훌쩍 넘었다. 그래서인지 요즘은 경영일선에서 은퇴해야 할 날이 다가오는 것을 느낀다. 능력 있는 후계자를 육성해 기업 경영을 넘긴 후 내가 할 일이 무엇일까 생각하는 날이 점점 늘어난다. 내가 죽기 전에 꼭 하고 싶은 일, 혹은 해야 할 일은 무엇일까? 하는 생각 말이다. 지금까지 마음에 그려두고 있었던, 혹은 준비해온 것은 무엇인지 떠올려보았다.

나만의 버킷리스트

"그래, 나도 요즘 유행하는 버킷리스트 한번 만들어보자!"

백두산 천지에서

작심하고 펜을 들었는데 엉뚱하게도 버킷리스트의 어원이 궁금했다. 한 포털사이트의 오픈국어사전에 따르면 '버킷리스트bucket list는 Kick the Bucket에서 유래한 말로, 중세시대에 자살할 때 목에 밧줄을 감고 양동이를 발로 차버리는 행위에서 전해졌다. 즉, 우리가 죽기 전에 꼭 해야 할 일이나 하고 싶은 일에 대한 리스트'라고 한다.

궁금증을 채운 후 죽기 전에 해보고 싶은 것을 하나씩 정리해보았다.

우선 '좋은 기업'을 만들고 싶다. 전기공사 전문업체는 산업의 동력을 책임지고 있으며 사업범위도 대단히 넓다. 건축물뿐만 아니라 원자력발전소, 전력계통, 반도체나 유화, 플랜트, 발전 등 하이테크 산업시설의 핵심부분에 반드시 필요한 것이 전기공사다. 삼진일렉스를 가까운 일본의 긴덴사처럼 전기공사 전문업체로서, 국내시장은 물론 세계

시장에서도 경쟁력을 인정받는 글로벌 기업으로, 전기시공기술을 선도하고 업계 발전에 기여하는 장수기업으로 만들고 싶다. 기업의 이해관계자들 모두가 자랑스럽게 생각하는 '좋은 기업'이야말로 절대 포기할 수 없는 평생 최고의 목표다.

두 번째로는 전기공사업계의 발전을 위해 도움이 되는 일을 하고 싶다. 특히 그동안 전기공사업계 관련 협단체의 임원 등으로 열심히 일해온 만큼 단체의 효율 경영과 혁신을 통한 업계 발전을 위해 앞장서서 봉사해보고 싶다.

삼진일렉스의 경쟁력 중 하나인 시공지침도 업계 기업들과 공유할 계획이다. 우리 회사 기술연구소의 시공지침은 일반적인 시방서示方書를 뛰어넘어 각 공정별로 현장에서 필요한 시공절차와 기술기준 등을 구체적으로 담고 있다. 이 시공지침은 발주처로부터 두터운 신뢰를 받을 수 있는 도구인 동시에 공사의 안전과 품질을 높일 수 있다는 장점도 가지고 있다. 우리 회사는 이 시공지침 절차서를 8년간 지속적으로 업그레이드 해오고 있는데 이를 좀 더 완벽하고 사용하기 편하게 완성해 업계에 무료로 제공하는 계획을 가지고 있다.

개인적으로는 전기문화재단을 설립해 관련 학문을 진흥하고 기술개발을 지원하는 일도 하고 싶다. 인재배출의 요람이던 전국의 대학은 학부제 시행에 따라 이제 전기공학과라는 명칭을 찾아보기 힘들게 됐고, 전기공학을 전공하는 학생 역시 급감하고 있는 실정이다. 기능인력을 배출하는 공업고등학교 역시 졸업생의 대다수가 대학에 진학하거나 진로를 바꿔서 업계로 유입되는 청년인력이 턱없이 부족한 실정이다. 그 결과 현장 기능공의 고령화 현상이 급속히 진행되고 있다. 전기문화재단을 만들어 미래에 산업현장을 지킬 수 있는 인재를 육성하고 고부가가치의 신기술을 개발하는 데 힘을 보태고자 한다. 또, 벤처투자를 통해 전기와 연관된 분야의 신기술을 개발하는 데 일조하고 싶다.

그런 후에는 나를 사랑하는 시간을 갖고 싶다. 우선 여행을 많이 하고 싶다. 여행은 인생의 폭과 깊이를 넓게 한다. 아내의 급체로 인해 제대로 여행할 수 없었던 남미의 마추픽추도 한번쯤은 다시 가보고 싶은 곳이다. 인간과 사물의 본질을 탐구하는 데 유용한 인문학 관련 서적도 더 많이 읽고 싶다.

또한, 아프리카 최고봉 '킬리만자로'를 평생에 오르지 못함이 항상 아쉬움으로 남는다. 얼마 전 전 직원 직무교육 강사로 초빙한 엄홍길 산악인의 추천으로 킬리만자로 등반을 준비했었지만, 평소 좋지 않은 발목으로 계획을 접어야만 했다. 하지만 포기하고 싶지 않다. 킬리만자로 등반의 꿈을 다시 한 번 꾸고 싶다.

마지막으로 자연과 벗 삼아 살고 싶다. 고교 졸업비를 대신 납부해주신 고교 은사님처럼 소박하지만 아름다운 정원을 가꾸면서 살고 싶다. 멀리 계셔서 자주 찾아뵙지는 못하지만 은사님은 작은 집이지만 그림 같은 정원을 부부가 함께 가꾸며 살고 계신다. 은사님은 항상 자연과 함께하셔서 그런지 모든 일에 순조롭고 온화하시다. 또한 마음과 생각이 항상 젊고 올바르시다. 나도 은사님처럼 자연을 닮은 사람이 되고 싶다.

3장

선택

우리는 때론
우리가 가진 것을
버리기도 해야 한다.
내려놓고 버림으로써
행복을 되찾을 수도
있기 때문이다.

우리가 행복해지는 비결 중 하나는
현재 자신이 가진 것에 대해 만족하고 사랑하는 것이다.
삶이 불행하다고 생각하는 사람들은
대개 자신이 소유하지 못한 것에 대한 갈구와 궁핍의 마음을 지닌다.
하지만 그것이 바로 그 사람에 대한 궁휼(矜恤)의 원인이 되기도 한다.
우리는 때론 우리가 가진 것을 버리기도 해야 한다.
내려놓고 버림으로써 행복을 되찾을 수도 있기 때문이다.

꿈으로 길을 선택하라

　　　　　　　　요즘은 자기가 좋아하는 일을 직업으로 선택하라고 권하는 이들이 많다. 자기가 좋아하는 일인 데다 잘할 수 있는 일이라면 더 이상 바랄 게 없다. 그야말로 행복으로 가는 지름길이다.

'1만 시간의 법칙'이라는 말도 유행이다. 10년 이상 한 분야에서 근무하면 누구나 전문가로서의 영향력을 발휘할 수 있다는 의미이다. 또한 2만 시간을 투자하면 그 분야의 달인이 될 수 있다고 한다. 충분한 고민 끝에 직업을 선택했다면 어렵고 힘들더라도 중도에 포기하지 말고 열심히 정진하라는 뜻도 담겨 있다.

이렇게 보면 한양공고 전기과를 졸업하고 전기담당 공무원과 관련 대학을 거쳐 전기공사업을 하고 있는 나는 직업을 잘 선택한 사람이다. 반백 년을 전기와 함께 살았고 그 긴 시간 동안 이따금 '내가 무엇을 위해 이렇게 열심히 일하나'라는 의문이 들 정도로 열정적으로 살았으니 나는 행복한 사람임이 분명하다.

내가 성공을 이루기 위해 가장 먼저 선택한 길은 학업이었다. 내 힘으로 중학교를 졸업했고 고등학교 입학을 위해 서울로 올라왔다. 고교 재학 시절 극도의 생활고에 시달렸기 때문에 안정적이면서도 자존감 높은 직장을 원했다. 그래서 공무원이 됐다. 공직자가 되어 세상을 접하니 내가 몰랐던 부분이 많았다. 더 큰 세상을 알려면 더 많은 공부가 필요했다. 그래서 대학에 입학했고 그곳에서 사업의 뜻을 세워 지금에 이르렀다.

누군가는 이런 내 삶의 궤적을 보면서 그때그때 필요에 충실한 선택을 하며 살아왔다고 평가할 수도 있을 것이다. 하지만 내 생각은 좀 다르다. 나는 불만족스러운 현실을 극복할 방법을 찾는 중에도 꿈을 찾아다녔고 마침내 찾은 그 꿈을 이루기 위해 최선의 길을 선택해왔다.

안정적인 **직장**을 걷어찬 이유

고교를 졸업하고 남들이 부러워하는 서울시 공무원 생활을 그만둔 이유는 낮은 급여와 뻔한 미래 때문이었다.

물론 당시의 관례처럼 행해지던 민원인의 사례?를 받으면 더 편안한 생활을 할 수 있었고, 그 방법도 모르는 게 아니었다. 하지만 그렇게 하면 국민의 세금을 받아 일하는 공복이 아니라는 생각이 들었다. 부정을 저지르는 공무원이 되는 것은 밥을 굶는 것보다 싫었다. 생계를 이유로 한 번 두 번 받기 시작하면 나도 모르게 습관이 될 것만 같았다. 또, 차곡차곡 승진만 하면 서기관이나 사무관, 사업소 소장 정도는 할 수 있겠지만 그 정도로는 성이 차지 않았다. 서울로 고등학교 유학을 오면서 나는 경제적으로도 사회적으로도 성공하리라는 꿈을 꾸었기 때문에 공무원 신분에서 벗어나 더 큰 세상으로 나아가야 했다. 사표를 제출하고 경기공업전문학교^{현 서울과학기술대학교}에 2년간 국비장학생으로 합격했다. 지금 생각하면 올바른 선택이었다. 낮에는 동국제강에서 일을 하고 밤에는 학교에서 공부했다.

졸업이 가까워지면서 본격적으로 사업가의 꿈을 꾸었다. 다만 '돈을 많이 벌겠다'고 다짐한 게 아니라 누구에게나 롤모델이 될 수 있는 '좋은 기업을 만들겠다'는 꿈을 세웠다. 일단 내가 가진 조건을 활용하기로 마음먹었다. 내가 오랜 기간 전문성을 쌓아온 전기분야의 관련 영역 중 유통, 제조, 건설을 펼쳐놓고 어떤 분야에서 사업을 할 수 있을지 살펴보았다. 자본이 없으니 내 신용과 의지만으로도 사업을 할 수 있는 영역이어야 했다. 나는 수많은 자료를 검토하고 오랜 고민 끝에 건설 분야의 전기공사업을 선택했다.

하지만 시공 경험이 없다는 게 사업에 걸림돌로 다가왔다. 공직생활을 하면서 준공검사, 시설검사, 유지관리 등 다양한 영역을 경험했지만 실제 시공 과정에 대한 현장감이 떨어지는 것이 문제였다. 이 부분의 부족함을 보완하지 않으면 사업을 할 수 없다는 판단이 들었다. 곧바로 현장과 시공을 배우기 위해 건설회사에 취직했다.

당시 동아, 삼호, 현대, 한양 등 굴지의 기업에 원서를 냈고 모두 합격통지서를 받았다. 나는 보너스를 800%나 주는 등 대우가 가장 좋았던 한양을 선택했다. 회사에서는 내가 본사근무나 해외 파견근무를 해주기를 원했지만 서울의 현장근무를 요구하는 내 조건을 받아들여주었

1980년 중구 인현동의 7평짜리 사무실에서 사업을 시작했다.

다. 이후 나는 2년여 동안 내 꿈을 실현하기 위한 본격적인 준비 작업에 돌입했다. 해가 뜨기 전부터 늦은 밤까지 열심히 일했다. 현장 구석구석을 찾아다니며 각종 실무를 익혔다. 이때의 실무경험을 바탕으로 마침내 사업을 시작했다.

동업의 기쁨, 아름답게 헤어지다

어느 날, 업면허 관계로 평일산업 전기공사 파트에서 재직하던 내게 동국제강에서 함께 근무했던 윤덕길 선배가 찾아왔다. 윤 선배는 예금

통장을 보여주며 전기공사업을 시작하자고 제안했다. 당시까지도 돈을 모으지 못한 나는 윤 선배의 제안을 흔쾌히 받아들일 수가 없었다. 머뭇거리는 내게 윤 선배가 말했다.

"돈은 벌어서 갚으면 되지."

윤 선배는 나를 위로하며 내게 공동대표를 제안했다.

동업의 끝이 좋지 않다는 말을 주변에서 많이 들었기에 공동대표를 맡기 전에 관계 정립부터 선명하게 하는 것이 좋을 것 같았다. 게다가 언젠가는 독립해서 독자적인 사업을 할 것까지 염두에 두면 관계 정립이 무엇보다 필요했다.

"선배님 오해 말고 들어주십시오. 역할과 각자 대표 경영을 위한 주요 원칙을 정해서 공증을 받았으면 합니다. 그리고 공증의 기한은 일차적으로 2년으로 하면 좋겠습니다."

"좋다. 내일 보자."

윤 선배는 내 제안을 흔쾌히 수락했다. 다음 날 우리는 각자가 원하는 부분을 쓴 메모를 펴놓고 공통된 부분부터 하나씩 써 내려갔다. 서로 의견이 다른 부분들 중 반드시 넣어야 할 부분은 충분한 논의를 거쳐 문서를 작성했다. 이렇게 공증을 받은 후 공동대표 형태로 '양지종합전설'을 시작했다. 중구 인현동의 7평짜리 사무실에서 사업을 시작하게 된 것이었다.

2종업면허를 가지고 시작한 양지종합전설은 승승장구했다. 우리는 정말 의욕적으로 뛰었고, 그동안 쌓은 신용과 인간적 신뢰를 바탕으로 많은 일을 수주할 수 있었다. 그 결과 설립 2년 만에 전기공사 2종업면허 전국 매출 1위를 차지하는 기염氣焰을 토했다.

사업이 한창 잘나갈 때 윤 선배와 갈라서는 것이 아쉬웠지만 애초의 약속이 2년이었다. 나는 윤 선배와 모든 것을 깔끔하게 처리하고 서로의 성장을 기원하며 양지종합전설에서 독립했다.

동업을 선택한 많은 사람이 사업이 잘될 때 남남이 되는 이유는 수익 분배의 문제 때문이다. 하지만 우리는 끝까지 서로를 위하는 마음으로 일했으며 헤어질 때도 상대방의 성공을 진심으로 응원해주었다. 당시를 생각하면 참으로 고맙고 감사한 마음뿐이다. 때문에 지금도 친형제처럼 의지하면서 지내고 있다.

양지종합전설에서 독립한 나는 오랫동안 묶여 있던 전기공사업 면허가 개방된 1984년 강남구청역 부근에서 '삼진종합전설'을 출범시켰다. 본격적이고 진정한 의미에서의 내 사업을 시작하게 된 셈이다.

꿈이 있어야 견딜 수 있다

삼진종합전설 초창기에 내가 가진 무기는 부지런함이었다. 새벽 4시 30분에 일어나 냉수 한 컵으로 정신을 가다듬고 출근해서 한밤중에 귀가하다보니 아이들 얼굴은 사나흘에 한 번 볼 정도였다. 점심을 먹었는지 안 먹었는지도 모른 채 뛰어다니다가 점심을 건너뛰는 날도 많았고, 주머니에 돈이 떨어져 우동이나 소시지 하나로 끼니를 때운 날도 많았다. 항상 잠이 모자라다보니 졸음운전으로 사고가 날 뻔한 적도 여러 번 있었다.

말이 사장이지 자본으로 따지면 현장 인부와 다를 바 없는 내가 투자할 수 있는 것은 땀과 노력밖에 없었다. 맨몸으로 시작한 사업이다보니 인부들의 노임이 체불되는 일도 잦았고 자재대금을 제때에 결제하지 못해 겪는 압박감도 상존했다. 여기저기 거래처를 뛰어다니며 사정하기에 바빴고, 자금 융통을 위해 아쉬운 소리를 해야 할 때도 많았다.

특히 당시는 지금과 달리 고금리 시대였던지라 수익이 난다고 해도 원가原價와 각종 금융비용을 제하면 남는 게 거의 없었다. 공사를 해주고 받는 어음을 명동 사채시장에 가져가면 그만큼의 어음할인 비용을 떼어주어야 하니 앞으로 남고 뒤로 밑지는 형국이었다. 특히 공사의 대부분이 하도급인 데다가 건설업체의 경영상태에 절대적인 영향을 받을 수밖에 없었기 때문에 간혹 월 3부 이자의 사채에도 손을 댈 만큼 자금사정은 늘 힘들었다.

이런 어려움은 회사의 모든 빚을 갚아 무차입경영의 원년이 된 1992년까지 계속됐다. 돈으로 인한 어려움을 겪어서인지 1993년도 이후에는 남에게 지불해야 할 대금이나 현장급여 지급을 미룬 적이 없다. 앞으로도 회사가 존속하는 한 거래에 대한 약속, 직원에 대한 약속은 꼭 지킨다는 것이 삼진일렉스의 원칙이다.

부족한 자금 때문에 길고 긴 고난의 시간을 견뎌야 했지만 사업을 그만둬야겠다는 생각은 단 한 번도 하지 않았다. 긴 호흡으로, 인생 전체를 바라보며 꿈을 이룰 계획을 세웠기 때문이다. 평생에 걸쳐 이룩할 꿈이라 생각했기에 10년이라는 긴 세월의 고난을 견뎌낼 수 있는 힘이 생겼던 것이다.

그래서인지 젊은이들이나 새로 사업을 시작하는 이들에게 늘 "인생 전체를 바쳐 이룰 꿈을 세우고 그것을 현실화시킬 수 있는 계획을 세우세요"라고 조언한다.

2014년에 창립 30주년을 맞이한 삼진일렉스는 창업 당시와 비교해 매출이나 시스템, 사업 포트폴리오 등 모든 면에서 큰 성장을 이룩했다. 하지만 여전히 내가 꿈꾸었던 기업에는 도달하지 못했다.

더 좋은 기업, 업계의 모범이 될 수 있는 기업, 직원들이 자랑스러워하는 기업, 높은 브랜드 가치를 지닌 기업을 만드는 것. 나는 오늘도 그 꿈을 이루기 위해 달려간다.

이 호텔 공사 안 하시려고요?

'삶은 선택의 연속'이라는 말도 있듯이 우리는 하루에도 수없이 많은 크고 작은 선택을 하며 살아간다. 어떤 선택을 하느냐에 따라 미래의 인생이 송두리째 바뀔 수 있기에 그 선택의 순간에는 누구든 고민에 빠지기 마련이다. 1990년대에 '그래 결심했어'라며 양자택일의 상황을 보여준 코미디 프로그램이 인기를 끈 이유도 선택의 순간이 닥칠 때마다 고민에 빠지는 시청자들의 공감을 얻었기 때문일 것이다. 그 선택의 순간을 지나온 사람들은 당시의 결정에 대해 후회와 아쉬움을 곱씹기도 하고, 때로는 안도의 한숨을 내쉬며 가슴을 쓸어내리기도 한다. 나 역시 사업을 하면서 수많은 선택의 순간과 맞닥뜨리며 살아왔다. 그중에는 물론 패배를 자초한 쓰라린 결정도 있었지만 지금 생각해도 스스로가 대견하고 가슴이 뿌듯해지는 순간도 있었다.

입주 과외의 기회를 뿌리치다

　고교 재학 시절은 내 인생에서 가장 치열하게 생존의 문제와 싸운 시기였다. 서울로 올라와 몸을 의탁했던 외사촌형의 철공소가 부도가 나면서 나는 변변한 잠자리도 구할 수 없는 지경에 이르렀다.

　한겨울에 창문도 없는 빌딩 공사현장에서 베니어판을 깔고 추위에 떨며 잠을 자거나 사립독서실에서 의자 4개를 붙여놓고 군용모포 한 장으로 잠을 청하던 시절이었다. 촛불로 책을 보다가 이불을 뒤집어쓰고 잠이 들어 다음 날 새벽을 맞이하면 이불 위에 수북이 쌓인 눈이 얼굴을 덮치는 날도 있었다. 라면 한 그릇 사 먹을 돈이 없어서 건빵 한 봉지를 물에 불려 먹으며 하루하루를 버텨내던 시기였다. 그래도 주변 사람들에게는 이런 나의 어려움을 내색하고 싶지 않았다. 그래서 담임선생님은 물론 같은 반 아이들 중에 내 사정을 아는 친구가 없었다. 학비가 밀리지 않았고 학업성적도 우수하니 다들 고향에서 올려보낸 돈으로 잘 지내는 줄로만 알았다. 하지만 비밀은 얼마 가지 못했다. 가정방문에 나선 담임선생님께서 내 사정을 알게 된 것이다. 얼마 후 선생님께서 나를 부르셨다.

　"성관아, 홍길동이네 집에 살면서 그 녀석 공부 좀 가르치면 어떻겠니? 길동이네 집이 부유하니 신세 진다고 할 것도 없지 않겠니? 길동이 어머님도 네 학업성적과 평소 품행을 좋게 여기고 계신단다. 내 생각에도 네가 제격인 것 같구나."

　선생님께서는 내게 같은 반 친구의 입주과외를 권하셨다. 어려운 상황에도 희망을 잃지 않고 열심히 공부하는 나를 도와주시려는 고마운 마음이 느껴졌다.

친구에게 공부를 가르쳐주면 풍찬노숙風餐露宿 대신 책상에서 늦게까지 공부하다가 따뜻한 방에서 잘 수 있고, 끼니도 해결할 수 있는 좋은 기회였다. 나는 선생님의 권유를 감사하게 받아들였다.

다음 날 길동이네 집 앞에 다다른 나는 깜짝 놀랐다. 지금도 부촌으로 꼽히지만 당시 장충동에 있던 길동이네 집은 그야말로 별천지였다. 드넓은 앞마당에는 양잔디가 깔려 있었고, 그림 같은 2층집은 현관부터 으리으리했다. 길동이 혼자 쓴다는 2층으로 올라가자 멋들어진 수입자전거와 고급스러운 가구가 눈에 들어왔다. 길동이와 함께 쓸 방으로 들어갔더니 길동이의 책상 위에는 있어야 할 책 대신 비싼 손목시계 두 개가 덩그러니 놓여 있었다. 그 옆에는 내가 쓸 책상이 놓여 있었다.

"성관아, 우리 길동이 잘 부탁해. 길동이와 똑같이 대할 테니까 엄마라고 생각하며 편하게 지내고…."

"네 어머님, 감사합니다!"

대답은 공손하고 시원시원하게 했다. 하지만 방에 홀로 남았을 때 불현듯 '이게 과연 잘한 결정일까?' 하는 생각이 들었다. 평소에는 무엇이든 해낼 수 있다며 자신감 넘치는 나였지만 그날은 왠지 모르게 마음이 불안했다.

입주 과외 첫날. 길동이는 방과 후 득달같이 집에 왔다. 그러곤 공부를 하자는 내 말은 안중에도 없다는 듯 값비싼 수입자전거를 들쳐 메고 집을 나갔다. 나는 실컷 놀다 밤이 늦어서야 집에 돌아온 길동이에게 공부를 하자고 다시 한 번 말했다. 하지만 길동이는 내 말을 들은 척 만

척 책상 앞에는 얼씬도 하지 않았다.

다음 날도 마찬가지였다. 어머니의 만류를 뿌리치고 자전거를 타고 나간 길동이는 역시나 저녁이 늦어서야 집에 들어왔다. 그날은 저도 미안했는지 공부를 하자는 내 말을 순순히 따랐다. 그런데 함께 공부를 해보니 길동이의 학업 수준이 상상외로 낮았다. 눈앞이 캄캄했다.

'이 집에서 나를 먹여주고 재워주는 이유는 길동이의 성적을 올려달라는 건데, 길동이는 공부에 도통 관심이 없고 내 말도 듣지 않아. 이 일을 어떻게 하나…'

왠지 모를 전날의 불안감은 그제야 구체적인 현실로 다가왔다. 나는 깊은 고민에 빠졌다. 평소 잠자리와는 비교할 수 없는 따듯하고 편안한 이불 위에 누웠지만 마음은 장작더미 위에 누워 있는 것만 같았다. 밤새도록 자는 둥 마는 둥 뒤척거리다 다음 날 아침, 등굣길에 올랐다.

고민은 학교에서도 계속됐다. 가장 큰 걸림돌은 길동이의 학업 수준과 자세였다. 길동이의 성적을 올리려면 내 공부를 할 시간이 전혀 없었다. 길동이 공부 가르치는 데만 온통 시간을 쏟아부어야 했다. 그렇게 되면 내 성적이 떨어지는 것은 불을 보듯 뻔한 일이었다. 게다가 자라온 환경이 달라서인지 공부를 대하는 길동이의 자세가 나와는 너무도 달랐다. 공부에 필사적으로 매달리는 나와 달리 길동이는 인생을 적당히 즐기며 살아가려 했다. 길동이와 함께 생활하다가 나도 모르게 편안한 생활에 젖어들어 미래에 성공을 이루겠다는 나의 의지가 약해지지나 않을까 싶어 걱정이 되었다. 길동이 어머님과 선생님의 배려에 보답하려면 하루라도 빨리 그만두는 게 나을 것 같았다.

나는 결국 입주 과외 3일째 되는 날 짐을 싸서 길동이네 집을 나왔다. 길동이 어머님께는 "정말 죄송합니다. 제가 살아온 환경과 너무 달라서 적응하기가 어렵습니다"라고 말씀드렸다. 친구의 학업 수준을 운운할 수는 없었기 때문이다. 길동이 어머님이 계속 붙드셔서 발걸음이 무거웠지만 죄송하다는 말 말고는 드릴 말씀이 없었다.

물론 그날 밤부터 나는 다시 모진 현실과 맞닥뜨려야 했다. 하지만 나는 지금까지 그때의 선택을 단 한 번도 후회한 적이 없다. 시련은 극복할 수 있지만 내가 세운 목표가 흔들리면 더 이상 희망찬 미래를 내다볼 수 없었기 때문이다.

길이 아니면 가지 말라

사업을 할 때도 수많은 선택의 순간과 맞닥뜨리게 된다. 겉으로 보기에 좋은 것, 혹은 남들이 좋다고 입을 모으는 프로젝트도 내게는 마이너스가 되는 경우가 있다. 이럴 때는 빨리 결단을 내리는 것이 좋다. 나는 삼진일렉스가 해외 프로젝트를 진행하거나 현지화를 할 때 '우리와 맞지 않는다'고 판단되면 즉시 방향을 바꾸었다. 수익성보다는 '안전하고 신뢰할 수 있는 결과물을 낼 수 있느냐'를 더 중요하게 여겼기 때문이다.

삼진일렉스가 베트남에 진출해 경남기업이 지은 랜드마크 중 2개의 초고층 업무용 빌딩을 시공하고 있을 때였다. 어느 날 경남기업으로부터 업무용 빌딩 뒤에 자리한 호텔의 전기공사까지 하는 게 어떻겠느냐는 제의를 받았다. 솔직히 욕심이 났지만, 사업이라는 게 어디 욕심만으로 되던가. 자세히 검토해본 결과 공사가 먼저 끝나는 업무용 빌딩의 전기공사까지는 맡아도 되지만 나중에 세워질 호텔은 발주처 경남기업의 재무상태를 고려했을 때 위험 부담이 클 것 같았다. 나는 견적서를 일부러 높게 작성해 제출했다. 공사를 맡고 싶지 않다는 무언의 표시였다. 그러자 곧장 담당 임원에게서 연락이 왔다. 다음 날 나는 커피숍에서 그 임원을 만났다.

"김 사장님 견적가가 이상합니다. 오피스 동을 하셨으니 호텔 공사도 당연히 이어서 하셔야지요?"

"욕심은 납니다만 호텔 공사는 우리 능력을 넘어서는 프로젝트입니다."

나는 그 어느 때보다 겸손하고 낮은 자세로 상대방의 제안을 거절했다.

또 한 번은 해외에서 호텔, 오피스, 백화점 등 대규모 복합단지 건설 프로젝트를 진행하던 A기업의 B회장께서 국제 전화를 걸어 내일 아침 10시에 나를 만나자고 했다. 다음 날 사무실에 들어서자 B회장은 회의 테이블에 설계도를 잔뜩 쌓아놓고 나를 기다리고 있었다. 반갑게 인사를 나눈 B회장이 내게 말했다.

"김 사장, 내가 믿는 거 아시죠? 이 공사 모두 해줘요. 감리까지 몽땅 다."

B회장은 설계도면을 펼치더니 호텔 지하층을 바꾸는 것까지 포함해 설명을 이어나갔다. 당시는 삼진일렉스가 해외 진출을 본격화하던

시기였기에 나로서는 해외의 대형 프로젝트가 당연히 탐이 났다. 가슴 속에서는 '도전하고 싶다! 우린 역량도 있다!'며 도전정신이 들끓었다. 하지만 차분히 생각할 시간이 필요했다. 나는 B회장에게 정중하게 말했다.

"회장님, 이틀 후에 찾아뵙겠습니다."

A기업 직원들은 테이블 위에 잔뜩 펼쳐진 도면을 차곡차곡 챙겨 내 차에 실었다. 그들은 삼진일렉스가 당연히 그 공사를 맡을 것이라고 생각하는 것 같았다. 하지만 이틀 후 나는 그 도면을 모두 싸 들고 B회장을 찾았다.

"어? 김 사장, 공사를 맡아 할 분이 도면은 왜 들고 와요?"

"회장님, 죄송합니다만 이 프로젝트는 우리 회사 능력으로는 할 수 없습니다."

"아니 김 사장, 삼진일렉스 하면 대한민국 최고의 전기공사업체인데 능력이 없다니요? 지금 베트남 호찌민과 하노이에서도 큰 프로젝트를 진행하고 있지 않습니까!"

"회장님, 그 공사까지는 삼진일렉스가 할 수 있습니다. 하지만 이렇게 큰 대형 프로젝트를 맡기에는 우리 회사가 보유한 기술자가 부족합니다. 공사의 품질과 안전을 생각하면 무리입니다. 다른 업체에게 일을 주십시오."

나는 삼진일렉스의 시공 능력을 솔직히 알리기 위해 20분이 넘도록 B회장을 설득했다. 그리고 정중하게 공사를 거절했다.

사실 나는 설계도면을 세밀하게 검토하지 않았다. 애초에 공사를 맡으려고 마음먹었다면 어딘가에 도사리고 있을지도 모를 위험 요소를 세세하게 찾아내려 애썼을 것이다. 하지만 무조건 공사를 맡는 것보다는 '고객을 얼마나 만족시킬 수 있느냐'가 더 중요했다. 신뢰와 안전을 무엇보다 우선시했기에 수익을 많이 올리기보다는 준비를 철저하게 해서 공사를 완벽하게 수행하는 것이 우선이었다.

전기와 정보통신 공사는 시스템 공사로 정밀하고 안전한 고품질의 시공을 요구한다. 발주처와 시공사가 성실하게 계약을 이행할 수 있느냐는 공사 수준의 중요한 조건 중 하나이다. 그런데 평소 고품질과 안전을 강조해온 내 원칙을 무너뜨리고 무리한 공사를 수주할 수는 없는 일 아닌가.

나는 지금도 삼진일렉스와 관련해 크고 작은 선택을 해야 할 때는 고교시절에 입주 과외를 거절했던 기억을 떠올린다. 내가 지켜야 할 가치가 무엇인지, 또 그 가치가 얼마나 소중한지를 마음속으로 되새겨본다. 그러면서 국내뿐만 아니라 해외 프로젝트에 접근할 때에도 안전과 고품질, 그리고 원칙에 입각한 공사를 해야 한다고 거듭 다짐하게 된다. 아무리 '돈이 되는 일'이라도 기업이 추구하는 방향성이나 경영 철학에 어긋나는 길을 가면 결국 그림자가 생기기 마련이다.

사업가가 신용을 쌓는 길은 자신이 세운 원칙과 목표를 견지하는 길과 결코 다르지 않다.

도전과 도박의 차이

많은 사업가와 경영학자들은 '사업을 하려면 위험을 각오해야 한다'고 말한다. 하지만 나는 고수익을 위해 고위험 high risk 을 동반하는 사업은 가능한 한 맡지 않는다. 도전적인 목표를 달성하기 위해서는 최선의 노력을 기울이지만 여러 가지 조건이 동시에, 그것도 최상의 상태로 갖춰져야만 성공할 수 있는 사업에는 웬만해서는 도전하지 않는다. 자칫하면 '도전'이 아니라 '도박'이 될 수 있기 때문이다.

삼진일렉스를 경영해오면서 이런 나름의 경영 원칙을 가지게 된 것은 오랜 노력을 하루아침에 물거품으로 만든 쓰라린 경험 때문일지도 모른다. 나를 파산 직전으로 내몰았던 계룡대 공사는 지나친 욕심은 금물이라는 교훈을 주었다. 물론 사력을 다한 노력으로 재기에 성공했지만 당시에 지불한 비싼 수업료는 나에게 많은 것을 생각하게 해주었다. 이후 기업을 경영하면서 무모한 욕심은 아낌없이 버릴 수 있었다. 대신 내가 잘할 수 있는 일이라고 판단되면 최선을 다해 일했다.

물론 사업에 100% 안전한 길이란 없다. 정도의 차이는 있겠지만 웬만큼의 위험은 사업에 필연적으로 따라온다. 돌다리도 두드려보고 건너는 세심한 주의는 필요하지만 계속 두드리고만 있어서는 다리를 건너지 못한다고 하지 않는가. 때문에 나는 '위험 요소를 관리할 수 있다'고 판단될 때는 과감하게 도전한다. 위험 부담에 비해 수익성이 낮더라도, 기술 축적과 장기적인 데이터 구축, 기업의 브랜드 가치 상승 등을 기대할 수 있는 공사라면 과감하게 도전해왔다. 서울시 신청사나 상암동 누리컴스퀘어, 하노이 경남랜드마크 타워, 호찌민 금호아시아나플라자 등이 대표적인 경우다. 오며 가며 삼진일렉스의 손때가 묻은 건물들을 마주할 때마다 느끼는 그 뿌듯함은 말로는 다 표현할 수 없다. 특히 남들이 어렵다고 손을 놓은 일에 과감히 도전해 공사를 완성해냈을 때의 자부심은 말할 수 없이 크다.

철저한 준비 vs 막연한 기대

사업을 함에 있어서 도전이냐, 도박이냐는 준비를 어떻게 하느냐에 따라 판가름 난다고 생각한다. 이런 생각은 삼진일렉스가 해외시장에 진출할 때도 똑같이 적용되었다.

삼진일렉스는 베트남을 위시한 동남아시아의 고층빌딩 공사에 참여할 때 품질관리를 철저하게 할 수 있는 한도 안에서 공사를 수주했다. 여러 기업에서 삼진일렉스에 공사를 제안해왔을 때는 공사의 조건이 아니라 기업 내부 사정을 먼저 살폈다. 신뢰할 수 있는 기술인력이 부족해 철저한 품질관리가 어렵다고 판단되면 공사를 간곡히 사양한 사례도 적지 않다. 높은 수익성이 보장되는 좋은 조건의 공사라 할지라도 발주처의 기대를 만족시킬 수 없다고 판단되면 미련 없이 돌아섰다. 철저한 준비 없이 공사를 진행하면 결과가 좋을 수가 없고, 고객을 만족시키지 못한 공사는 삼진일렉스의 신뢰도와 이미지, 브랜드 가치에 타격을 주기 때문이다. 당장의 매출과 삼진일렉스의 미래를 바꿀 수는 없지 않겠는가.

특히 전문업체가 선진 건설시장에 진출할 때는 종합건설업체처럼 프로젝트를 원만히 끝낼 수 있는 기술과 인력, 자금을 갖춰야 한다. 기술과 인력이 부족하면 품질에 하자가 발생하기 마련이고, 자금 여력이 없으면 공사 하나에 기업의 명운이 걸리게 된다. 국내 건설사들 중에는 해외공사를 저가로 수주하는 곳이 많은데, 그러면 공사에 참여하는 하도급업체도 위험을 함께 떠안아야 한다. 이런 공사 역시 피하는 것이 좋다.

해외에 진출할 계획이 있는 전문업체라면 그에 앞서 현지의 사업환경을 철저하게 검토해야 한다. 준비를 완벽하게 하더라도 성공을 장담할 수 없는 것이 해외에 진출한 기업의 현실이다. 철저한 준비도 없이 막연하게 '어떻게든 되겠지' 하고 해외 프로젝트를 수주하거나 해외에 진출하면 내 경험상 반드시 탈이 나게 돼 있다. 타짜들이 득시글거리는 노름방에 돈가방을 싸들고 들어가는 아마추어 노름꾼이 맞이할 결말은 불을 보듯 뻔하지 않겠는가.

때문에 나는 대형 프로젝트 하나만 보고 해외에 진출하는 무리수를 두지 않는다. 법인장으로 파견한 본사의 책임자 한 명을 제외하고 직원을 모두 현지인으로 구성할 정도가 되어야 비로소 해외진출이나 현지화에 돌입했다고 할 수 있다.

삼진일렉스가 해외에서 대형 프로젝트를 진행하고 현지법인을 운영하면서 무엇보다 중요하게 느낀 점은 현지화를 위한 철저한 준비였다. 현지법인을 설립하려면 진출 대상국의 관련법과 문화, 국민성, 근로자의 능력 등 다양한 부분을 면밀히 파악하고 준비해야 한다. 해당국에 안착하기 위한 사회적 책임 활동의 방향성도 잡아야 하고 이를 실행하기 위한 계획도 필요하다. 기업의 해외진출을 황금알을 낳는 거위로 만들지, 질곡으로 만들지는 철저한 준비가 관건이라고 해도 과언이 아니다.

물고기는 미끼만 본다

최근 소프트웨어 산업이나 IT산업 등 창의적 아이디어로 승부하는 기업들 중에는 단번에 도약하는 곳이 많다. 하지만 전통산업 분야의 기업은 대부분 벽돌을 쌓듯이 차근차근 성장의 단계를 밟아나간다. 자고 일어나니 수조원의 매출을 올렸다는 전통산업은 어디에서도 찾아볼 수 없다. 그러니 기업의 기초를 단단하게 갖추고 한발 한발 앞으로 나아가는 수밖에 없다.

기업이 지속적으로 성장하려면 핵심사업 변경이나 사업의 다각화에 대해서도 준비를 철저하게 해야 한다. 특히 요즘처럼 산업구조가 바

해외사업은 철저한 현지화 준비 없이는 성공할 수 없다.

뀌는 과도기에는 경영 환경도 급격하게 변하므로 새로운 핵심사업으로의 변신을 늘 염두에 두어야 한다. 이를 위해 기업은 기존 사업의 성장 잠재력을 냉철하게 판단하고, 핵심역량을 토대로 새로운 변화의 방향을 설정해야 한다.

크리스 주크의 책 《멈추지 않는 기업Unstoppable》에 의하면 핵심사업의 경쟁 법칙이 바뀔 때 대대적인 변화를 감행한 기업의 성공 확률은 5~10%에 불과하다고 한다. 이 정도라면 도박에서 이길 수 있는 확률이다. 하지만 나는 철저한 준비가 선행된다면 성공 확률을 대폭 높일 수 있다고 믿는다.

전기와 소방, 정보통신을 중심으로 성장해온 삼진일렉스는 현재 철도 및 교통 시공, 철도전력 유지보수, 인텔리전트 빌딩, 신재생 에너지 등으로 사업영역을 넓혀왔다. 최근에는 EMP electromagnetic pulse 전자기펄스 등 관련 사업영역을 개척하고 있다.

이 같은 사업다각화 역시 사전 준비가 출발점이 되었다. 특정 시점부터 갑자기 준비한 것이 아니라 차근차근 관련 기술을 쌓으며 사업영역을 넓혀왔다. 나는 넉넉할 때 흉년에 대비하듯 변신을 준비한 기업만이 새로운 시장을 선점할 수 있다고 생각해왔다. 삼진일렉스의 사업다각화는 그런 자세로 인접 분야에 대한 연구를 지속한 결과이기도 했다.

몇 년 전부터는 사업부문별 수익균형과 내실 있는 성장을 위해 사업부문별로 핵심역량을 강화하기 위해 노력하고 있다. 특히 2020년 이후에는 현재의 매출 비중과 비교해 건축부문의 비중을 대폭 낮추는 것을 목표로 잡고 플랜트와 철도, 해외사업, 시설물 유지보수 분야 등의 매출 신장에 매진하고 있다.

삼진일렉스가 이처럼 핵심사업의 변신 시기를 결정하는 데에는 현 사업의 성장 잠재력을 냉정하게 판단하는 과정이 뒤따랐다. 현 사업의 성장이 언제까지 이어질지, 시장 포화나 대체기술 등으로 인한 영향은 없는지 등을 철저하게 분석했다. 물론 장기적 관점에서 삼진일렉스만이 가지고 있는 차별적인 경쟁우위가 무엇인지에 대해서도 깊게 고민했다.

나는 이 과정에서 객관적인 자세를 견지하기 위해 노력했다. 현재의 사업과 미래 사업에 대한 정보가 뒤섞여 있어서 긍정적인 정보만 확대해석하는 것은 아닌지 거듭 확인했다. 산업의 성장률 데이터에 현혹되어 일단 방향부터 잡아놓는 실수를 하지 않도록 스스로를 독려했다. 방향부터 정하고 구체적 계획은 나중에 세운다는 것은 근거 없는 핑크빛 낙관과 별 차이가 없다고 생각하기 때문이다.

또 하나의 중요한 포인트는 목표 수준의 설정이었다. 기존 사업이 쇠퇴기에 접어들었더라도 목표 수준이 높지 않으면 낮은 성장률과 수익성에도 만족하게 된다. 이렇게 안주하다가는 변화해야 할 시기를 놓쳐 시장에서 도태되는 최악의 시나리오에 빠져들 수도 있기 때문이다.

'물고기는 미끼만 보다가 낚싯바늘을 보지 못하고, 인간은 이익만 보다가 위험을 보지 못한다'라는 중국 속담이 있다.

사업은 한껏 부푼 욕심이나 아마추어 노름꾼의 감感으로 할 수 있을 만큼 만만한 것이 아니다. 언제나 철저하게 준비한 후에 도전해야 밝은 미래를 기대할 수 있다. 물론 사업에 따르는 위험 부담은 피할 수 없다. 최대한 냉정하게 상황을 판단하고 이를 바탕으로 미래에 충실하게 대비하는 방법 말고는 뾰족한 대응책이 없다.

사업의 성공과 실패 역시 결과로 드러날 뿐이다. 성공과 실패는 대차대조표에 기입된 수치와 데이터에 명확하게 드러난다. 마치 학생들이 받는 성적표와 같다. 하지만 수학의 1차 방정식처럼 깔끔한 성공방정식은 어디에도 없다. 그저 온힘을 쏟아부어 철저하게 준비하고, 힘들여 준비한 만큼 성공할 수 있다는 확신을 가진다면, 성공적인 도전의 장에서 승부할 수 있는 최소한의 조건은 마련된 것이 아닐까?

버림으로써 내일을 얻는다

우리가 행복해지는 비결 중 하나는 현재 자신이 가진 것에 대해 만족하고 사랑하는 것이다. 삶이 불행하다고 생각하는 사람들은 대개 자신이 소유하지 못한 것에 대한 갈구와 궁핍의 마음을 지닌다. 하지만 그것이 바로 그 사람에 대한 궁휼矜恤의 원인이 되기도 한다. 우리는 때론 우리가 가진 것을 버리기도 해야 한다. 내려놓고 버림으로써 행복을 되찾을 수도 있기 때문이다. 기업 경영에서도 마찬가지다.

"전략의 본질은 무엇을 하지 않을지를 선택하는 것이다."
저명한 경영학자 마이클 포터는 저서 《경쟁전략》에서 버림의 중요성을 강조한 바 있다. 혜성처럼 떠오른 마윈 알리바바 회장 역시 '버림의 미학'을 강조했다. 실제로 장수하는 글로벌 기업들은 꾸준히 '버림'을 통해 경쟁력을 확보하고 있다. 흑자사업은 물론 주력사업이나 모태사업을 버리고 사명까지 바꿔버린 기업도 있다. 이들의 공통점은 어느 날 갑자기 버리는 것이 아니라 철저한 준비를 거친 후 '버림'을 실행했다는 점이다.

오랜 시간을 투자해서 피땀으로 일군 자산을 버린다는 것은 결코 쉬운 결정이 아닐 것이라 생각한다. 기업가라면 누구나 마찬가지일 것이다. '버림으로써 내일을 얻는다'는 확신이 없다면 불가능한 일이다.

깨물어서 안 아픈 손가락 있는가

기업 경영에서 버림은 무엇일까? 해외기업 사례를 찾아보았다. 몇몇 기업의 사례는 대단히 인상적이었다. 특히 최고의 기업으로 칭송받는 GE의 '버림'은 내게 큰 충격을 주었다.

GE는 2015년 4월 금융부문을 매각하거나 분사의 형태로 최대 75%까지 정리하겠다고 발표한 바 있다. 이 결정이 발표되자 주가가 10% 이상 급등하며 지난 2009년 금융위기 이후 하루 최대 상승률을 기록했다. 사실 GE는 끊임없이 버리는 기업이다. 2013년에는 그룹 전체 수익의 55%를 차지하는 금융부문까지도 정리했다. 그 결과 미디어, 금융 등을 아우르는 복합기업에서 원자력, 항공엔진, 의료기기 중심의 제조업체로 회귀했다. 그리고 최근에는 다시 소프트웨어 기업으로 변신하겠다는 발표를 했다. 과학적인 방법을 사용한 미래 전망과 착실한 준비, 이에 따른 유연한 의사결정과 무시무시한 전환 속도. 역시 존경받는 기업은 다르다는 생각이 들 수밖에 없다.

전력화·자동화, 가스 터빈, 해상풍력 분야에서 세계 최고 수준을 자랑하는 지멘스는 'Picture of Future PoF'라 불리는 고유의 미래 예측 연구기법을 활용해 사업을 꾸준히 재편하고 있다. 관련분야의 최신 연구와 사업 동향은 물론 지멘스가 바라본 미래 사회와 기술까지 파악해 사업의 불확실성을 최소화하고 새로운 사업 기회를 발굴하고 있다.

1836년 철강업체로 시작하여 전기설비 제조업체를 거쳐 지금은 에너지 관리 솔루션 제공업체로 변신한 슈나이더의 성장 비결도 '버림'이다. 1990년대, 전기설비 제조업체로 전성기를 맞이한 시기에 단행한 슈나이더의 변신은 놀랄 만한 일이었다. 당시 슈나이더는 큰 매출을 올리던 전력사업에서 손을 떼고 1999년 5월 '슈나이더 일렉트릭'으로 사명을 바꾸었다. 그리고 현재는 전력관리 분야에 주력하고 있다. 그 결과 발전플랜트, 전력인프라, 빌딩, 데이터센터, 공장 등 다양한 시장에서 에너지관리 통합솔루션을 공급하는 데 집중하고 있다.

무엇을 버릴 것인가

'어떤 사업을 버릴 것인가?'

기업 구조조정 전문가들은 "당신이 지금 사업을 시작한다면, 그래도 이 사업을 할 것인가?"라는 질문을 스스로에게 던져보라고 권한다. 물론 애써 키워온 사업을 버리는 것은 말처럼 쉽지 않다. 사업 포트폴리오 다각화와 내실화에 여념이 없는 삼진일렉스의 입장에서는 이것이 먼 나라 이야기나 쓸데없는 걱정처럼 들릴 수도 있다. 하지만 나는 사업을 버리는 것이 규모가 큰 기업의 전유물은 아니라고 생각한다. 특정 프로젝트의 입찰에 참여하지 않는 것 역시 우리에게는 사업을 버리는 것과 다름없는 커다란 선택이기 때문이다.

사실 우리 주변에서도 버리지 못해 큰 낭패를 겪는 이들을 흔히 볼 수 있다. 주식시장에 참여한 개미투자자들이 손실된 원금이 아까워서 주식을 매도하지 못하다가 더 큰 손해를 입는 경우나, 주가 하락 방어를 위한 이른바 '물타기'로 피해를 보는 것 역시 버리지 못해서 맞게 되는 불행일 것이다.

이처럼 지금까지 투자한 것이 아깝거나 그동안 투자한 것을 정당화하기 위해 더 깊이 개입하는 매몰비용의 오류 Sunk Cost Fallacy 에 빠지지 않으려면 주요 기업의 사례를 미리 학습해 각자의 처지에 맞게 응용해야 한다고 생각한다.

행동경제학에서는 무엇인가를 잘 버리지 못하는 이유로 '보유효과 Endowment Effect'를 손꼽는다. 보유효과란 어떤 대상을 소유하거나 소유할 수 있다고 생각하는 순간, 그 대상에 대한 애착이 생겨 객관적인 가치 이상을 부여하는 심리 현상을 말한다. 그래서 시장에서 평가하는 합리적인 가격보다 훨씬 높은 가격으로 판매하고 싶어 한다. 공급자가 소비자가 느끼는 가치와 상관없이 재화와 서비스를 무조건 비싸게 팔려고 하면 시장에서 팔릴 리 없다. 결국 보유효과 때문에 버려야 할 것을 버리지 못하게 된다.

마윈 회장의 '버림의 미학' 이야기가 국내 각종 매체에 회자될 때 '나는 과연 무엇을 버려야 할까?' 하는 생각을 해보았다. 짧게나마 나의 삶에서 보유효과에 갇힌 것은 없는지 살펴보는 시간을 가졌다. 내 스스로 익숙하고 아끼는 마음 때문에 다른 것과 바꾸지 않으려 하는 것은 무엇인지 찬찬히 따져봤다.

첫 번째 떠오른 것은 역시 '일'이었다. 나는 학창시절 이후 줄곧 '부지런해야 한다'는 신념을 가지고 살아왔다. 고교 입학 시 나와의 약속인 극장과 제과점 출입은 졸업 때까지 하지 않는다는 것을 지키기 위해서 고교 졸업 후 동도극장에서 영화를 본 것이 첫 영화 관람이었다. 어린 시절부터 놀이와는 거리가 좀 멀었던 것 같다.

그래서인지 나는 지금까지도 제대로 쉴 줄을 모르는 것 같다. 그렇게 반백 년을 한결같은 자세로 살아와서인지 습관으로 굳어 이제는 놀거나 쉬는 것이 부자연스럽게 느껴질 정도다. 혹자는 '쉬는 것도 일의 연장'이라고 말하지만 주말에 거실 소파에서 잠시 낮잠을 자기라도 하면 왠지 시간을 낭비한 것 같아 안타까운 마음이 들 정도다. 그야말로 워커홀릭인 셈이다. 하지만 이제는 일하는 시간을 조금은 버려야 할 것 같다. 일에 쓰는 시간의 일부를 버리는 대신 그 시간을 가족과 함께 보내고 취미생활을 하는 등 보다 유연하게 쓰고 싶다.

그 다음은 속도를 최우선시하는 마음을 버려야겠다. 나는 무슨 일이든 빨리 처리하는 것을 선호한다. 이처럼 속도를 중요시하는 것은 장점이 명확한 만큼 단점도 크다. 타고난 성격이 급한 것도 이유이겠지만, 무엇이든 최대한 빠른 시간 안에 정확하게 마무리해야 생산성이 커진다는 경험적 판단이 반복되면서 일상생활에까지 영향을 미친 것 같다.

보다 많은 이야기를 경청하고 이를 차분하게 갈무리하는 시간을 가질 수 있도록 급한 성정을 과감히 버려야 할 것 같다. 외부 자극에 보다 진중한 자세로 한 호흡 쉬어가도 될 시점에 빠른 의사결정을 이유로 곧바로 반응하는 점은 나 개인에게도 사업적으로도 개선이 필요한 부분이다. 특히 과거와 달리 양量에서 질質로 변한 요즘의 사회적 패러다임에 대응하기 위해서라도 이 같은 변화는 필수적이라 생각한다.

    이 밖에도 내가 버려야 할 것은 많을 것이다. 아직도 보유효과나 매몰비용의 오류에서 완전히 자유롭지 못했으니 더더욱 그럴 것이다. 하지만 강박처럼 나 스스로를 닦달하지는 않을 것이다. 이제는 무언가 움켜쥐거나 획득하려 노력하기보다 하나 둘씩 버리고 나누어야 할 시점이라고 생각하기 때문이다. 좋은 것은 나누고 나쁜 것은 버리는, 보다 자연에 가까운 사람이 되기 위한 노력을 매일매일 망각하지 않는다면 결국에는 보유효과에서 벗어날 수 있을 것이라 낙관해본다.

4장

비밀

사람은 '운(運)'을
잘 타고나야 하고
그 운이 들어올 때까지
기다릴 줄 아는
'둔(鈍)'한 맛이 있어야 하고
그리고 버티는
'근(根)'성이 있어야 한다.

운둔근(運鈍根).
호암(湖巖) 이병철 회장의 철학을 늘 생각하며 살아간다.

사람은 '운(運)'을 잘 타고나야 하고
그 운이 들어올 때까지 기다릴 줄 아는 '둔(鈍)'한 맛이 있어야 하고
그리고 버티는 '근(根)'성이 있어야 한다.

"여보! 매운탕 좀 끓여요"

건설업계에서 공사를 수주하기란 녹록잖은 일이다. 특히 요즘처럼 건설 경기가 좋지 않을 때는 큰 기업, 작은 기업 가릴 것 없이 치열한 수주 경쟁을 벌인다. '로비'라고 하는 음성적 관행이 건설업계에 성행한 것도 결국 이처럼 치열한 경쟁 때문이다.

사람들은 공사 수주를 위한 로비라 하면 으레 어마어마한 액수의 돈이나 이권이 오간다고 생각한다. 실제로 부적절한 거래로 불미스러운 사건에 휘말린 기업가의 모습을 방송매체를 통해 수시로 보게 된다. 나 또한 공사 수주를 위해 수없이 경쟁을 펼쳤다. 다만 그 방법이 조금 남달랐다. 내가 하는 로비의 핵심은 진심과 정성이다. 진심과 정성을 기울여 상대방이 나와 회사를 신뢰하게 만드는 것이다. 지난날을 돌아보면 나만의 정성이 담긴 선물은 효과 만점이었다. 내가 신뢰를 쌓으면 삼진일렉스의 신뢰도 쌓였다. 그렇게 맺은 신뢰는 일회성으로 끝나는 법이 없었다. 나와 그렇게 연을 맺은 이들은 언제나 나의 우군이 되어 주었다.

진심은 통하기 마련이다

지금 생각해도 흐뭇한 일이 있다. 삼진종합전설을 설립하고 얼마 지나지 않아 싱싱한 생선으로 거래처와의 관계를 개선한 경험이다.

다른 업체도 마찬가지지만 사업 초기에는 외형이나 평판, 공사 실적 등이 부족하기 마련이어서 공사를 수주하기가 보통 힘든 것이 아니다. 한 종합건설업체의 공사를 수주하려 했을 때 이야기다. 해당 기업 A전무가 자꾸 딴죽을 걸었다. 당시 삼진종합전설이 공사 수주에 결격 사유가 있는 것도 아니었기에 나의 고민은 쌓여만 갔다.

'어떻게 해야 까다롭기로 소문난 A전무를 설득할 수 있을까.'

며칠을 고민하다가 A전무가 생선을 좋아한다는 사실을 떠올리고 새벽 3시에 가락동 농수산물 도매시장으로 갔다. 싱싱하고 잘생긴 갖가지 활어를 골라 아이스박스에 가득 담고 그의 집으로 향했다. A전무가 사는 반포의 한 아파트에 도착하니 새벽 4시 30분이었고, 주변은 여전히 깜깜했다. 나는 잠복근무를 하는 형사처럼 차 안에서 A전무의 집에 불이 켜지기만을 기다렸다. 5시가 되니 거실에 불이 켜졌다. 30분쯤 더 기다리다가 생선이 든 아이스박스를 들고 아파트 현관으로 들어갔다. 5층으로 올라가 초인종을 누르자 안에서 A전무의 목소리가 들렸다.

"누구요?"

"전무님, 삼진종합전설의 김성관입니다."

"이 새벽에 무슨 일이오?"

문을 연 그의 얼굴에는 의아하다는 표정이 역력했다. 약간은 퉁명스러운, 예상치 못한 이가 새벽에 찾아왔을 때 지을 만한 그런 표정이었다.

"전무님께서 생선을 좋아하신다기에 새벽에 가락동 시장에 다녀오는 길입니다."

나는 생선이 든 묵직한 아이스박스를 문 안으로 슬며시 들이밀며 말했다. 전무의 굳은 얼굴이 살짝 펴졌다.

"뭘 이런 걸 다 사 오고 그래. 새벽부터 고생했을 것 같은데 차나 한 잔하고 가시오."

그리 싫지만은 않은 표정이었다. 아니, 이 정도면 내게는 환대나 다름없었다.

모닝커피 맛이 이렇게 감미로운 적이 있었던가! 마음 한구석에 문전박대를 당하지는 않을까 했던 걱정은 이미 날아간 지 오래였다. 대화가 이어질수록 내 목소리에도 자신감이 더해갔다.

"여보, 김 사장이랑 한 그릇 먹게 매운탕 좀 끓여줘요."

나는 A전무의 매운탕 주문에 내심 쾌재를 불렀다. 차 한 잔 나누는 것과 매운탕을 함께 먹는다는 것은 하늘과 땅 차이 아닌가! 그만큼 가까워지고 있다는 의미로 들렸다. 물론 부인 입장에서는 아침부터 매운탕을 끓인다는 게 쉽지만은 않은 일이었을 것이다. 잠시 후 매운탕 준비가 한창이던 주방 쪽에서 "어머나!" 하는 비명소리가 들렸다. 얼른 주방으로 달려가 보니 생선이 아이스박스 밖으로 튀어나와 힘차게 펄떡거리고 있었다.

"그 녀석들 아주 힘이 넘치는구먼!"

급하게 생선을 잡아 아이스박스에 집어넣는 내 등 뒤로 전무의 기분 좋은 목소리가 흘러갔다. 그는 아이스박스 밖으로 튀어나올 정도로 힘이 넘치는 생선을 무척 마음에 들어 하는 것 같았다. A전무는 부인이 매운탕을 준비하는 동안 주위에 살고 있는 형제와 지인들에게 "집에 좋은 생선이 들어왔으니 가져가라"고 전화를 걸었다. 평소 까칠하기만 하던 그가 지인들에게 생선을 나눠주며 어린아이처럼 즐거워하던 모습이 지금도 눈에 선하다. 그날 난 A전무와 매운탕으로 아침식사를 한 후 기분 좋게 출근길에 올랐다. 물론 그 후로 A전무의 기업과 좋은 관계를 오래도록 유지해나갔고 공사 수주 등 많은 성과를 얻을 수 있었다.

나중에 안 사실이지만 A전무가 마음을 바꾼 이유는 아이스박스 안에 담긴 나의 정성과 일을 대하는 나의 자세 때문이었다. 당시 내가 낮에 사람을 시켜 A전무 집에 생선을 보냈다면 삼진종합전설이 그 공사를 수주하지 못했을지도 모른다. 진심과 정성이 담긴 로비의 힘은 이렇게나 크다. 다만 진심과 정성을 담은 로비는 한눈에 확 드러나지 않아 시간이 오래 걸릴 수 있다. 하지만 내 경험상 결국은 상대방이 내 정성과 진심을 알아봐준다. 그러니 시간이 아무리 오래 걸려도 내 진심이 상대방에게 전해질 때까지 변치 않는 모습으로 정성을 다하는 것이 중요하다.

정성 없는 선물은 낭비

"아이, 귀찮아!"

지난해 추석 명절 기간이었다. 택배기사가 맡긴 선물을 수령하기 위해 경비실로 향하던 한 지인의 부인이 무심코 던진 말이다. 감사하고 기쁘게 받아야 할 선물을 왜 이처럼 귀찮아하는 것일까? 아마도 주는 이의 정성이 느껴지지 않기 때문일 것이다.

삼진일렉스는 10여 년 전부터 명절 전후에는 선물을 하지 않고 있다. 대신 제철 농수산물을 1년에 한두 번 선물한다. 선물로 가장 많이 선택하는 품목은 사과다.

삼진일렉스를 위해 열심히 일하는 직원들과 도움을 준 외부 인사들을 위한 선물용으로 매년 고랭지 사과를 300박스 정도 구매한다. 이때는 백화점에서 일괄구매하지 않고 산지에 직접 가서 꼼꼼히 품질을 확인하고 좋은 사과를 산다. 선물 받을 이들을 배려해 포장박스도 따로 주문하고, 사과에 대한 간략한 정보와 감사의 마음을 전하는 편지를 함께 넣어 보낸다. 가끔 직접 쓴 편지를 전하기도 하는데, 사정이 여의치 않을 때는 선물 받을 분의 이름만큼은 반드시 직접 쓴다. 혹자는 내게 이렇게 말할지도 모른다.

"뭐 그렇게까지 할 필요가 있나?"

하지만 신뢰는 이런 정성이 모여야 쌓을 수 있다. 실제로 선물을 받은 분들 대부분은 "고맙게 잘 먹겠다"며 전화를 주신다. 사과가 오기를 은근히 기다리셨는지 "김 회장, 올해는 사과 안 보내시나요?"라고 물으며 기분 좋게 웃는 분들도 있다.

지난해 굴비철에는 백화점에서 구입한 영광굴비를 선물했었다. 선물이 잘 도착했는지 확인 전화를 하다가 한 분에게서 상품의 질이 좀 떨어진다는 말을 들었다. 안타까운 마음에 추가비용은 내가 모두 책임지겠다는 말과 함께 백화점 직원에게 직접 배송을 요청했다. 며칠 후 선물을 받은 분에게서 연락이 왔다.

"서울 백화점의 담당팀장이 춘천까지 직접 배달을 왔더라고요. 감동했습니다. 잘 먹겠습니다. 김 회장님 이렇게까지 신경 써주셔서 감사합니다."

백화점 담당직원의 사과(謝過)의 마음까지 덤으로 선물 받은 그분은 크게 감동하며 기뻐하셨다. 진심과 정성은 어떻게든 전해지기 마련이다.

'내가 이렇게 비싼 선물을 했으니 언젠가는 보답하겠지'라는 생각으로 하는 선물은 안 하느니만 못하다. 간혹 부부가 함께 즐기라며 보낸 비싼 문화공연 티켓이나, 출장길 기내에서 산 비싼 양주를 별다른 포장 없이 보낸 선물에서는 보내는 사람의 정성이 느껴지지 않는다. 선물이 말 그대로 선물이 되려면 평소에 느끼는 감사의 마음이 오롯이 담겨 있어야 한다.

내가 명절을 피해 선물을 보내는 이유는 정부 요직에 있는 인사들과 그룹사의 경영진 및 임원들은 명절에 선물을 받는 것이 스트레스가 될 수 있기 때문이다. 이런 시기에는 선물이 부담스러울 수 있기에 인사치레 선물은 하지 않고 있다.

선물을 구입할 때는 직원을 보내지 않고 내가 직접 고른다. 선물 받을 사람의 취향과 기호를 고려해 어떤 것이 잘 어울릴지 고민하고 구매한다. 정성이 깃들지 않은 선물은 형식에 지나지 않는다. 내 마음과 성의가 담겨 있어야 비로소 내용과 형식을 갖춘, 진정한 선물이라 할 것이다.

사실 사람을 기분 좋게 만들 수 있는 특별한 비법은 없다. 그저 내 모든 정성을 다해 상대방을 기쁘게 만들어주고, 행복을 느끼게 해주려는 자세가 전부다. 은밀하게 뒷돈을 건네고 권력의 끈을 이용해 로비를 벌이는 것보다 마음에서 우러나오는 방법으로 상대방의 마음을 움직이는 것이 진정한 로비라고 생각한다. 그리고 바로 이것이 '김성관식 로비'이자 삼진일렉스가 고마운 분들에게 감사를 표현하는 방식이다. 눈에 보이는 조건보다는 보이지 않는 신뢰가 훨씬 더 큰 가치를 지니기 때문이다.

사업을 하면서 많은 고위직 인사들과 관계를 맺게 되었지만 그분들의 지위를 이용해 영업을 한다거나 피해를 주는 일은 절대로 하지 않으려 노력했고 그렇게 살아왔다. 그런 결과 내가 살아가는 데 삶의 지혜를 주는 귀한 사람을 잃지 않는, 더 큰 열매를 얻었다고 생각한다.

사람은 큰 나무 아래서 큰다

내가 기억하고 있는 금언 중에 '사람이 곧 재산'이라는 말이 있다. 사람이 재산처럼 귀하다기보다 내가 관계를 맺고 있는 모든 사람이 소중한 존재라는 의미로 이해하고 있다. 실제로 지금까지 참으로 많은 분들이 내게 물심양면으로 도움을 주셨다.

그중에서도 연세대 경영대학원에서 공부할 때 경영대학원장이셨던 김기영 삼일문화재단이사장전 광운대학교 총장과 박종구 전 치안감은 내게 큰 나무와 같은 분들이다.

김기영 이사장은 한국경영학회 회장을 지냈고 미국 Decision Sciences Institute 최초의 외국인 종신 석학 회원과 대한민국 학술원 회원으로 활동하는 등 한국경영학계의 구루guru로 평가받는 분이다. 연세대학교 1호 재임 석좌교수이기도 하다. 그분은 광운대 총장으로 취임한 이후 학생들에게 4가지 스펙specification을 갖출 것을 주문하면서 'IVAC'을 제시했다. 바로 Intelligence융합적 사고 Vision지도력 Attitude세련된 품격 Challenge도전적 실천력이다. 이러한 'IVAC' 비전 덕분에 광운대는 대학평가에서 30계단을 훌쩍 뛰어오르는 성과를 거두기도 했다. 나는 그분이 훌륭한 석학(碩學)이기도 하지만 훌륭한 경영인이라고 생각하기 때문에 마음속으로 깊이 존경하고 있다. 김 총장님은 언제나 앞서가는 경영을 하라고 조언해주셨다. 또 기업을 하면서 돈을 버는 것만이 다가 아니라 사람이 어떻게 살아가야 하는지, 기업을 통해 어떤 방식으로 사회에 기여해야 하는지를 온화하게 제시해주셨다.

김 총장님은 언론 인터뷰뿐만 아니라 사석에서도 "잘하는 학생도 중요하지만 남보다 뒤늦은 학생들도 꾸준히 지원해주고 격려해서 그들의 숨겨진 능력을 찾도록 도와주어야 한다. 총장에게는 1등의 학생도 소중하지만 99등의 학생도 중요하다"고 말씀하신다.

이런 경영철학은 기업에도 그대로 적용될 수 있을 것이다. 삼진일렉스에 장기근속사원이 많은 것도 직원 한 사람 한 사람을 소중하게 생각하는 기업문화를 위해 모두가 노력하고 있기 때문이라고 생각한다.

개방형 직위인 교통방송 본부장 공개 채용에 40쪽 분량의 사업계획서를 제출해 합격한 박종구 전 치안감은 직접적인 행동을 통해 내게 많은 것을 보여주셨다. 그분은 '미래는 준비하는 사람에게 열려 있다'는 말을 입버릇처럼 하셨다. 태생적으로 게으름을 경계하는 그분은 '메기론'의 신봉자였다. 생선을 운반하는 차량에 메기를 한 마리 풀어놓으면 다른 물고기들이 메기에게 잡히지 않으려고 분주하게 움직여 서울에 도착할 때까지 싱싱함을 유지하는 것처럼 직원들에게도 적절한 자극이 필요하다는 주장이었다.

그분은 직원들에게는 분기별로 영어시험을 치르게 해서 공부하는 분위기를 만들었다. 물론 자신도 15개의 일간지를 읽을 정도로 세상 돌아가는 정세에 대해 열심히 공부했고 자강불식自强不息의 생활태도를 유지하셨다. 매일 새벽 3시 30분에 일어나 청계산에 오를 때에도 이어폰을 귀에 꽂고 교통방송 프로그램을 꼼꼼히 모니터하셨다.

강동석 전 건설교통부장관에게는 청렴과 정직, 그리고 투철한 국가관을 배울 수 있었다. 업무 시는 늘 출입문을 개방하시고 사적인 저녁 식사 자리가 끝나면 집에서 부인이 몰고 온 연식이 오래된 승용차로 귀가하셨다. 한번은 장관 재임 시 찾아뵐 때 접견실 관목이 모두 볼품 없기에 이유를 비서실장에게 물었더니 취임 이후 축하난 하나도 받아들인 적이 없어서 그러하다고 했다.

고교 3학년 때 은사님도 내게 큰 감동을 주신 분이다. 고교 졸업비를 대신 납부해주신 선생님은 찾아뵐 때마다 마치 부모님처럼 내 걱정을 해주신다. 한번 스승은 영원한 스승이라는 말이 왜 생겼는지 몸소 보여주신다.

10여 년 전 아버님 산소를 이장할 때 명당길지를 찾아주신 오기봉 교수님에게도 큰 은혜를 입었다. 은사이시며 전기조명설비학회 회장을 지내신 오 교수님 덕분에 조상을 모시는 자손으로서 도리를 다할 수 있었다.

사실 일일이 언급하면 한 권의 책으로도 다 할 수 없을 만큼 많은 분들에게 감사를 드려야 할 것이다. 그분들은 내게 커다란 나무였고, 지금도 그렇다.

아낌없이 주는 **나무**

산을 좋아해 간혹 등산을 하는데 그때마다 나를 반겨주는 이가 있으니 바로 나무다. 언제나 그 자리에 변함없이 서서 마치 나를 기다리고 있었다는 듯 청량하고 싱그러운 느낌을 선물해준다. 가르침도 준다. 상록수는 환경의 변화에 굴하지 않는 독야청청함으로 일관성 있는 삶의 위대함을 보여준다. 몸통이 굽었다 해서 나쁘지 않고 꼿꼿이 서 있어야만 쓸모가 있는 것도 아니다. 노장사상의 가르침처럼 곧은 나무는 곧은 나무대로 휜 나무는 휜 나무대로 쓸모가 있다. 이처럼 나무는 가끔은 바쁜 인생살이로 잠시 잊고 있었던 소중한 가치를 되새길 수 있도록 도와주기도 한다.

하지만 나무가 사람보다 못한 점도 있다. 바로 어린 나무는 큰 나무 그늘에서 제대로 성장하지 못한다는 점이다. 사람은 큰사람의 지근거리에 있을 때 더 크게 자랄 수 있다. 대학교 은사님으로 전기업계를 위해 애쓰셨고 동문을 사랑하시는 김왕곤 교수님께서 늘 말씀하셨다. "큰 나무 밑에서 작은 나무는 자랄 수 없지만 사람은 큰사람 밑에서 크는 거다"라고. 사람 섬김이 중요함을 일깨워주신 것이다. 큰사람이 생각하고 행동하는 것을 보면서 세상을 보다 넓고 바르게 바라볼 수 있으며 목표도 뚜렷해진다. 그저 곁에서 바라보는 것만으로도 배울 점이 무궁무진하다. 간혹 화두처럼 혹은 날카로운 비수처럼 전해지는 이들의 조언은 세상 어떤 것과도 바꿀 수 없는 소중한 것으로 나를 성장시킬 수 있는 거대한 자양분이다. 때문에 살아가면서 큰사람을 만난다는 것은 커다란 행운이다.

내 아이들에게 "어른을 모실 수 있어야 크게 될 수 있다"고 강조하는 것도 이 같은 맥락이다. 나는 지금까지 많은 훌륭한 분들과 인연을 맺었다. 그만큼 행운을 누린 셈이다. 그래서인지 근래에 들어 가끔은, 모든 것을 주고 마지막에는 그루터기로 남은 자신의 몸까지 내어주는 '아낌없이 주는 나무'의 모습과 심정을 상상하곤 한다.

이제는 나도 누군가에게 쉬어갈 수 있는 그늘을 주는 나무가 되어야 할 시기라고 생각하기 때문일까? 아무래도 좋다. 내가 훌륭한 분들에게 얻어서 누린 행복이 나에게서 멈추지 않고 세상으로 환원되는 것, 그래서 다시 누군가에게 행복으로 작용하게 만드는 것이 내가 앞으로 해야 할 일 중 하나일 것이니 말이다.

3번의 사표

　　　　　　"이 늦은 시간에 뭐 하나?"
"일이 좀 있어서 하다보니 늦었습니다."
"쉬는 날인데…?"
"반드시 끝내야 할 일이 있습니다."
"평소 일이 많은가?"
"즐겁게 하고 있습니다."

올해 5월 초 일요일 늦은 저녁. 외부인사와의 만남을 마치고 집으로 돌아가는 길에 잠시 회사에 들렀다. 많은 직장인이 퇴근시간을 잊고 늦은 시간까지 일하는 경우가 허다하지만 여느 때와 같이 그날도 불이 켜진 사무실이 있었다. 가보니 재경팀과 특수사업팀원들이 일하고 있었다. 명랑하게 웃으며 인사하는 직원들의 눈빛을 보면서 젊은 시절 열정적으로 일하던 나의 모습이 주마등처럼 스쳐갔다.

공무원으로 근무하던 중에 군에 입대했고, 제대하던 해에 국비장학생 시험에 합격해 서울과학기술대학교(前 경기공업전문학교)에 입학했다. 주간에는 일을 하고 야간에는 학교에 다니는 생활을 2년간 하게 되었는데, 이때 입사한 회사가 동국제강이었다.

동국제강은 당시 직원의 봉급 수준이 높았고 성장성이 가장 좋은 회사였다. 창업자 장경호 회장은 1929년 부산에서 가마니 공장으로 시작하여 서울 문래동에 선재공장을 설립하고 땀과 노력으로 제강회사를 만들어 국가산업과 철강산업 발전의 기틀을 세운 훌륭한 분이다. 평생을 맞춤 신발과 옷을 걸치지 않은 분이지만 내 기억으로는 돌아가시기 전해인 1973년도에 본인의 개인 전 재산인 34억원을 불교진흥기금으로 기부했다. 기업인이 가야 할 길을 몸소 실천한 분이었다.

전기와 관련한 각종 자격증을 가지고 있던 나는 대학을 졸업할 때까지 주간 근무시간에만 전기기술행정과 영선 기획의 업무를 맡는 조건으로 동국제강에서 일하기로 했다. 저녁 늦게까지 일하는 다른 직원들에게 미안하기도 하고, 일단 내가 몸담은 회사인 만큼 회사일과 대학에서의 공부를 병행하며 최선을 다해 일했다. 그러는 사이 어느덧 2년이 흘렀다. 대학을 졸업하면서 나는 애초에 스스로에게 약속한 대로 사표를 제출했다. 그런데 사표가 반려됐다. 담당 전무가 내 사표를 찢었다는 것이었다. 다시 사표를 제출했다.

이번에는 전무가 직접 나를 불렀다. 그가 인사기록카드를 보더니 내게 말했다.

"승진을 시켜줄 테니 내 방에서 근무하게. 본적을 서울로 바꾸는 게 좋겠구면."

당시 향토색이 짙었던 동국제강 본사 소속의 직원 중 전라도 출신은 나를 포함해 딱 2명뿐이었다. 승진을 위한 결재서류에 호남 출신이라는 것을 드러내는 게 불편한 분위기였다.

"본적까지 바꿔야 하는 겁니까?"

"본적을 바꿔도 원적은 남아 있으니 큰 문제는 아니지 않나? 더군다나 차남인데."

"네 전무님. 제게도 생각할 시간을 좀 주십시오."

하지만 아무리 생각해봐도 내 계획과 목표를 바꿀 수는 없었다. 3번째 사표를 제출했다.

"꼭 나가야 하겠나?"

"전무님, 기회가 되면 다시 근무하겠습니다."

"붙잡고 싶지만 어쩔 수 없지. 목표가 뚜렷하니 성공하리라 믿네."

아쉽지만 퇴사 마무리를 원만하게 지을 수 있었다. 하지만 그것이 인연의 끝은 아니었다. 동국제강의 부산공장을 포항으로 옮기는 공사가 시작되던 해였다. 내가 퇴사한 후 20여 년이 지났을 때였다. 과거 내 사표를 찢었던 전무님은 계열사 사장을 거쳐 퇴직 후 사업을 하고 계셨다. 나는 그분을 찾아뵙고 동국제강 이전 공사를 맡고 싶으니 도와달라고 말씀드렸다. 다음 날 그분은 동국제강 회장과 독대했고 내 이야기를 전했다. 내 얘기를 전해 들은 회장님께서는 공장장에게 직접 전화로 지시를 하셨다.

"한솥밥 먹을 때 아주 열심히 일하던 친구이니 공장 이전 전기공사를 삼진종합전설에 맡기시지요."

전무님은 나를 주인의식을 가지고 열심히 일하던, 마지막 뒷모습이 마음에 드는 청년으로 기억하고 있었다. 약 20년 전의 내 자세 덕분에 공사 수주를 한 것이나 다름없었다.

동국제강을 그만두고 현장업무를 보게 해달라는 조건으로 입사한 한양에서도 무척 열심히 일했다. 압구정동 아파트 건설현장 등 현장을 누비며 업무에 매진했다. 작업화 한 켤레가 6개월을 못 버틸 정도로 열심히 돌아다녔다. 애초에 목표했던 2년이 지나자 이제는 사업을 시작해도 되겠다는 생각이 들었다.

한양에 사표를 제출했지만 이번에도 반려됐다. 담당 부서장이 내가 다른 기업에 가려는 줄 알고 퇴사를 막았던 것이다. 전무님으로부터 호출이 왔다.

"도대체 어디로 가려고?"

"전무님 다른 기업으로 가려는 것이 아니라 제 사업을 해보고 싶어서 그렇습니다."

"무슨 사업?"

"전기공사 사업입니다"

"돈은 있고?"

"없지만 열심히 해보려 합니다."

"그래? 그럼 내가 도와줄 테니까 열심히 해봐."

이후 한양의 전무님과 옛 동료들이 나를 믿고 많은 공사를 수주할 수 있도록 도와주셨다.

당시 내 처지는 동국제강과 한양에서 만난 두 전무님이 공사 수주를 도와주신다 하더라도 감사하다는 말 이외에는 아무것도 해드릴 게 없었다. 그럼에도 그분들은 오직 열정적으로 일을 대하는 나의 자세와 어떻게든 약속을 지키려는 내 평소 의지를 믿고 도와주셨다. 내가 성공하기를 진심으로 기원해주신 잊지 못할 분들이다.

자세가 **미래**를 만든다

나는 두 회사 모두 사표를 세 번이나 제출한 후에 그만둘 수 있었다. 이는 내가 그동안 얼마나 열심히 일했는지, 평소 내 자세가 주변사람들에게 얼마나 큰 신뢰를 주었는지를 드러내주는 일이라고 생각한다.

사실 나는 지금까지 앞만 보고 달려왔다. 사업을 시작한 이후에도 명절을 제외하고는 쉬어본 적이 거의 없다. 사업을 시작한 후 10년간은 토요일과 일요일도 평일처럼 일했다. 물론 때로는 '내가 이렇게까지 살 필요가 있을까?' 하는 회의감이 들기도 했지만 사업가는 모름지기 부지런해야 한다는 생각이 나를 채찍질해주었다.

간혹 "회사가 너무 작고 선배들이 용렬해 도무지 내 실력을 펼칠 수가 없다"는 불만을 토로하는 직장인들을 본다.

GE의 前 회장으로 전 세계 경영자들의 존경을 받고 있는 잭 웰치는 수지 웰치와의 공저 《잭 웰치의 마지막 강의》에서 승진하지 못하는 원인을 '자리 부족', '전문지식의 부족', '상사에 대한 태도', '성과 미달' 등 총 4가지로 지목했다. 그중 자리가 부족한 경우를 제외한 나머지 3가지 이유는 모두 개인에게 달려 있다. 특히 전문지식 부족과 성과 미달은 능력에 대한 부분이지만 상사에 대한 태도만큼은 어떻게 마음먹느냐에 따라 달라질 수 있다.

이 책에 따르면 상사에 대한 잘못된 태도를 지닌 이들은 겉으로는 규칙을 따르지만 속으로는 조직과 리더를 경멸하고 혐오하는 경향이 있다고 한다. 자신은 문제가 없는데 회사가 문제라고 여긴다. 이들에게는 책임자가 한결같이 멍청하고 무능력해 보인다. 돈만 밝히고 고객이나 상품은 뒷전인 사람이라고 치부한다. 게다가 윗사람에게 아첨을 일삼을 뿐 회사의 발전을 위해 필요한 것이 무엇인지도 모른다. 물론 상사에 대한 이 같은 불평이 진실일 수도 있다. 하지만 그들이 잊고 있는 것이 있다. 아무리 똑똑하고 유능한 인재라도 상사나 남을 경멸하는 태도를 지니고 있다면 아무도 도와주지 않는다는 사실이다.

낭중지추囊中之錐라 했다. 뛰어난 인재는 어디서든 제 몫을 해낸다. 작은 조직에서 실력을 인정받지 못하는 이가 큰 조직에 가서 일을 잘할 가능성은 거의 없다. 내 주변을 탓하기보다 자신의 실력을 통해 주변사람들에게 인정받아야 한다.

특히 '태도'는 개인의 역량을 성장시킬 수 있는 지렛대이자 평가의 기준이니만큼 긍정적인 자세를 유지하며 매 순간 최선을 다해야 한다. 그러다보면 자신도 모르게 조직과 업계에서 평가가 높아진다. 자신의 역할에 최선을 다하다보면 미래의 중요한 시점에 생각지도 못한 도움을 받을 수 있고, 그 일을 통해서 성장하는 나를 발견할 수 있다. 나아가 다른 사람들에게도 기쁨을 줄 수 있으니 이야말로 일석이조一石二鳥

가 아니겠는가!

    사업가뿐만 아니라 직장인도 마찬가지다. 직장을 다닐 때 최선을 다하면 실력을 키울 수 있는 것은 물론 사회적 신용도 키울 수 있다. 수많은 관계 속에서 신용을 쌓지 못한다면 어떤 일을 도모하든 모래 위에 집을 지으려 애쓰는 것과 다름없다.

골프를 통해 본 사람

"그와 술을 마셔라. 겉과 속이 같은 사람인지 알 수 있다. 그리고 그의 친한 친구를 만나라. 그가 어떤 사람인지 유추할 수 있다. 마지막으로 밤새워 도박을 해보라. 그의 민낯을 확인할 수 있다."

사람의 진면목을 알기 위해 해야 할 일 3가지로 언급되는 내용이다. 유익한 조언이라고 생각한다. 하지만 나는 도박 대신 '함께 골프를 쳐 보라'고 권하고 싶다. 화투나 포커 등 도박은 애초에 관심도 없지만 좁은 공간에 둘러앉아 오랜 시간 '돈 따먹기'를 하는 것은 내 취향이 아니다. 청년시절부터 많은 시간을 낭비하거나 우리에게 무익한 취미, 오락 등은 멀리했다. 그래서 당구, 화투, 각종 게임 등은 나와는 거리가 먼 취미활동이다. 바쁜 세상을 살아가는 데 시간만큼 중요한 것이 또 있겠는가? '시간은 금'이라 하지 않는가?

하지만 4시간 이상 함께 몸을 움직이고 목욕도 함께 하는 골프는 사람의 기질이나 매너가 자연스럽게 드러나는 운동이라 여겨 즐겨 하고 있다.

양심과 극기, 그리고 배려

골프는 다양한 매력을 지닌 운동이다. 일단 양심을 지켜야 하는 운동이다. 그래서 '심판이 없는 5인 플레이 게임'이라고도 한다. 4명이 한 조를 이뤄 경기를 펼치지만 양심이라는 보이지 않는 한 명이 동반한다는 의미이다.

그래서인지 골프는 자신의 실수를 감추어 얻는 비양심적 승리보다는 페널티를 자청하는 운동이다. 남몰래 슬쩍슬쩍 공의 위치를 옮기거나 타수를 속이는 등의 비양심적 경기 운영은 동반자들의 신뢰를 잃는 지름길이다. 실제로 대부분의 동반자들은 비양심적 행동을 보더라도 못 본 척 지나친다. 하지만 비양심적 행동을 한 사람을 어떻게 생각할지는 충분히 짐작할 수 있다.

"아무도 못 봤는데 그냥 넘어가면 될 걸 혼자 유난 떤다"고 비아냥거리는 골퍼에게는 '당신은 많은 시간을 들여 골프를 배웠음에도 얻은 게 아무것도 없는 사람'이라고 조언해주고 싶다.

골프가 승패를 가르는 여타 구기 종목과 비교해 가장 두드러진 특징은 동반자들을 진심으로 배려한다는 점이다. 이것은 시간이 많이 걸린다는 이유로 야구나 바둑을 즐기지 않는 내가 여전히 골프를 하고 있는 가장 큰 이유이다.

나는 사람을 만날 때는 언제나 진심을 담아야 한다고 생각한다. 누군가 내게 30여 년 동안 사업을 해오면서 느낀 가장 소중한 2가지를 꼽으라면 '신용'과 '사람'이라고 말할 것이다. 소중한 사람을 만나면 거짓됨 없이 마음真心을 다해盡心 배려하듯이 내가 만나는 사람을 소중하게 여기면 진심을 다하고 배려하게 된다.

골프장에서도 사람을 진심으로 대해야 한다. 비즈니스를 위한 접대든, 단순한 친목 모임이든 골프를 치는 목적이나 이유가 사람보다 우선하진 않는다. 나는 늘 동반자들보다 먼저 골프장에 도착하려 애쓴다. 새벽에도 항상 깔끔하게 면도를 하고 옷도 단정하게 차려입는다. 동반자들 모두 즐거운 시간을 보낼 수 있도록 재미난 이야기도 준비한다. 카트를 탈 때는 늘 맨 뒤에 타고 내릴 때는 가장 먼저 내린다. 클럽 데스크 직원들에게도 밝게 인사하고 캐디에게도 친절하게 대한다. 이 같은 실천 덕분인지 2012년에 영광스럽게도 국내 최고의 골프장인 해슬리 나인 브릿지 골프장의 '올해의 멤버상'을 수상하기도 했다.

나는 사람은 조건과 계약으로 만나는 것이 아니라 마음으로 만나는 것이라 믿는다. 골프 경기를 할 때 진심으로 상대방을 배려하는 마음을 가지면 동반자들에게도 그 마음이 전해진다. 자신을 소중한 사람으로 대우하는 데 싫어할 사람이 누가 있겠는가. 내가 진정성을 보이면 상대방도 마음을 열고 다가온다.

내가 삼진일렉스의 구성원들에게 마케팅, 영업 등의 활동은 물론 개인생활에서도 진정성이 중요하다고 강조하는 것과 같은 맥락이다. 특히 업무상 골프를 쳐야 하는 임직원들에게는 '진정성 있는 만남을 위한 골프'를 강조한다. 업무 이야기는 신뢰관계를 형성한 후에 사무실에서 나누어도 늦지 않을 것이다.

영혼을 담는 골프의 20가지 수칙

다음은 내가 골프를 칠 때 교본처럼 지키며 임원들에게도 강조하는 20가지 수칙이다. 실천해보니 동반자들과 더욱 행복한 라운딩을 즐길 수 있었다.

① 골프는 선수 스스로가 감독과 심판인 운동이다. 내 자신과 상대를 속이지 마라.
② 골프는 행동과 복장을 갖추어야 하는 예절 운동이다.
③ 아침 세면과 면도는 꼭 하고 두발 등 용모를 반듯하게 하라.
④ 캐주얼하고 단정한 옷과 운동복, 골프화와 모자 등은 깨끗하고 구김 없는 세련된 것을 입어라.
⑤ 벙커는 반드시 정리하고, 디봇divot으로 떨어져 나간 잔디는 살 수 있도록 제자리에 심어주어라.
⑥ 캐디에게는 꼭 존댓말을 사용하라.
⑦ 집이나 직장에서 픽업하기로 했다면 15분 전쯤 먼저 가서 기다려라.
⑧ 룰은 본인에게는 엄격하게 적용하고, 상대방에게는 느슨하게 적용하라.
⑨ 차 안에서의 대화는 날씨 이야기나 스포츠 이야기 등 가벼운 것이 좋다. 정치 이야기는 금물이다.
⑩ 클럽하우스에서 만나기로 했다면 예의상 30분 이상 일찍 도착해서 기다려라. 초대받은 사람은 30분 정도 일찍 도착할 가능성이

매우 높다는 사실을 명심하라.

⑪ 날씨가 예상보다 춥다면 윈드재킷을 선물하는 것도 좋은 결과를 가져올 수 있다. 티셔츠를 선물해 동반자 4명이 같은 티셔츠를 입고 라운딩에 들어갔다면 절반은 성공한 것이다. 같은 모자를 쓰는 것도 동반자들을 하나로 묶는 방법이다.

⑫ 상대방의 샷이나 퍼트에 대해 자주 칭찬하라.

⑬ 라운딩을 마친 후 뒤풀이 자리에서는 그날의 동반자가 날린 샷이나 퍼팅 중 가장 결정적인 것에 대해 침이 마르도록 칭찬하라!

⑭ 조절 가능하다면 동반자와 같은 방향으로 샷을 날려라. 그래야 같이 걸어갈 수 있다.

⑮ 사업에 관한 이야기는 묻기 전에는 절대로 먼저 꺼내지 마라. 일 이야기는 차후 사무실에서 해도 충분하다.

⑯ 동반자가 먼저 사업 이야기를 시작했다면 성공이다.

⑰ 그늘집에 가면 음료수나 간식을 꼭 대접하라.

⑱ 샷의 순서나 예의는 확실하게 하고, 필요 이상의 이야기는 삼가는 것이 좋다.

⑲ 라운딩 후 선물을 전달할 필요가 있을 때는 적은 비용으로, 상대에게 필요하고 품위에 맞는 물품을 신중하게 구입해라.

⑳ 시간과 돈을 들여 접대하는 골프가 헛되지 않도록 시작에서 끝까지 최선을 다하라.

능력 없으면 대주주로 남아라!

삼진일렉스는 2014년에 서른 살을 맞이했다. 이를 기념해 연말에 조촐한 행사를 열었는데, 축사를 읽는 중에 괜스레 목이 메어 잠시 난감했던 기억이 있다. 삼진일렉스가 지금의 자리에 오기까지 함께한 직원들의 모습과 겪어온 수많은 일들이 주마등처럼 머리를 스쳐가 나도 모르게 가슴이 먹먹해졌다.

외견이 꾸준히 성장하는 기업이 창업 30주년을 맞았다는 것은 여러 가지 의미를 지닌다. 그중 내가 가장 관심을 가지는 것은 '세대교체'다. '창업 30주년'은 바꿔 말하면 창업자오너의 나이가 그만큼 많다는 뜻이기도 하다. 즉, '창업 30주년'은 기업의 지속적인 성장을 위해 창업자와 구성원들이 세대교체를 준비할 시점이다.

회사는 누구의 것인가?

우리는 대한민국 재계를 대표하는 재벌 그룹사들이 경영권 승계 문제로 곤혹을 치르는 모습을 심심찮게 봐왔다. 최근에는 경영권을 둘러싼 형제끼리의 다툼이 각종 미디어를 통해 폭로되면서 세간의 손가락질을 받기도 했다. 이러한 불미스러운 경영권 다툼이 일어나는 이유는 후세들의 욕심도 한몫하지만 그보다는 창업자가 그 기업을 자신만의 것이라고 생각하는 데에 더 큰 원인이 있는 듯하다.

창업자는 기업을 처음 시작한 사람이자 지금껏 성장시키는 데 결정적인 역할을 해온 사람이다. 그러니 그 기업이 창업자 자신의 것이라고 주장한다고 해서 아무도 뭐라 할 사람은 없다. 그리고 창업자에게 기업을 상속받을 자녀 역시 주인 될 자격이 있다.

하지만 현재의 기업이 오로지 창업자 혼자만의 힘으로 성장했는지는 생각해볼 일이다. 나는 온힘을 다해 일해준 임직원들이 없었다면 삼진일렉스가 오늘날 이 자리까지 오지 못했을 것이라고 생각한다. 그러기에 나는 임직원들 역시 기업의 주인이라고 생각한다. 그리고 제아무리 뛰어난 품질의 제품이나 서비스 제공 시스템을 갖춘 기업이라도 고객이 없으면 성장할 수 없다. 더군다나 고객가치나 고객만족 경영 등을 주요 가치로 내세우는 기업이라면 내부 고객인 임직원을 주인이라 부르는 데 인색하지 않아야 한다. 경영자가 임직원을 기업의 주인이라 여기지 않으면서 "회사가 내 것이라는 주인의식을 가지고 열심히 일해달라"고 주문한다면 속임수에 지나지 않을 것이다. 또한 늦은 밤까지 국내외에서 열심히 일하는 임직원들을 믿고 기다려주는 그 가족들도 대접받을 자격이 있다고 생각한다. 증권거래소에 주식을 상장한 기업이라면 주인의 수는 더욱 많아진다. 그러니 규모가 큰 기업일수록 특정 개인의 것이라기보다 사회의 것이라 해도 크게 틀린 말은 아닐 것이다.

현실이 이러한데 능력 없는 후계자에게 기업을 굳이 맡겨야 할까? 나는 기업이 단순히 창업자의 돈벌이 수단이 아니라면 전문 능력을 갖춘 사람에게 경영을 맡기는 것이 기업의 지속가능성도 높이는 등 현대의 기업 형태에 부합하는 일이라고 생각한다.

간혹 사석에서 만나는 사회지도층 인사들 중에 "과거 창업 1세대는 과감한 투자와 뛰어난 리더십으로 기업을 성장시키고 국가 경제 발전에 기여했다. 하지만 능력에 대한 검증 없이 창업주의 자녀라는 이유만으로 경영권을 승계한다면 기업은 물론 국가 경제에도 위험 요소가 될 수 있다"고 우려하는 이들이 많다.

독일이 글로벌 경제 위기에도 성장세를 유지하는 것은 세계적 경쟁력을 지닌 강소기업의 힘 덕분이라고 한다. 각종 매체는 이들 강소기업이 100여 년이 넘도록 가족 경영 체제를 이어오는 것을 경쟁력을 유지하는 비결로 꼽고 그들의 철저한 승계 프로그램을 소개하고 있다.

대표적인 강소기업은 100년 이상 두 가문의 가족 경영 체제를 유지하고 있는 독일의 가전회사 밀레다. 이 회사는 양 가문의 수십 명의 후손끼리 경쟁을 붙이고, 경쟁에서 이긴 사람을 후보자로 선정한다. 후보자는 다른 기업에 취업해 4년 정도 근무하고, 밀레에 입사해 1년 정도 일하면서 두 가문의 공동심사위원회의 최종 검증을 받는다. 널리 알려진 발렌베리 그룹도 후계자가 되기 위해서는 자력으로 명문대를 졸업하고, 장교 임관, 글로벌 금융사에서의 근무 경력, 높은 실적 등 다양한 조건을 만족시켜야 한다.

갤럽의 조사에 따르면 CEO는 길러지는 게 아니라 타고난다고 한다. 1000명 중 5명 정도만 CEO가 될 수 있는 자질과 성품을 갖추고 있다고 한다. 능력 있는 기업가를 두고 '경영자의 피가 흐른다'고 표현하듯이 이미 그들의 DNA 안에 경영자의 요건이 담겨 있다는 의미일 것이다.

하지만 나는 기질이나 성품 못지않게 마땅한 실력을 갖춰야 비로소 좋은 경영자가 될 수 있다고 생각한다. 가족경영기업은 아니지만 GE를 포함한 글로벌 기업들은 철저한 후계 육성 프로그램에 따라 경영자 후보군의 능력을 검증해 후계자를 세운다. 세계적으로 존경받는 기업들 모두가 철저하게 능력을 검증한 후에 후계자에게 경영권을 맡겨서 기업의 경쟁력을 극대화시키고 있다는 점은 시사하는 바가 매우 크다.

중소기업은 대기업과 다르다?

국내 중소기업 창업자들 중에도 자녀에게 가업을 승계하려는 사람이 많다. 실제로 2010년 3월에 중소기업중앙회가 중소기업인 424명 경영자 263명, 후계자 161명을 상대로 실시한 가업승계 실태조사 결과를 보면 자녀에게 승계하겠다는 의견이 절반을 넘는 57.0%로 가장 높았다. 그 다음은 전문경영인 승계 7.2%, 임직원 승계 3.0%, 친족에게 승계 1.5%의 순으로 조사됐다.

물론 중소기업과 대기업을 단순 비교할 수는 없다. 중소기업은 대기업에 비해 규모가 작고 사업 분야나 지배 구조도 단순하다. 따라서 계열사 간 시너지를 위해 업무를 조정할 필요도 없고 핵심사업에만 집중하면 되니 대기업만큼 경영이 복잡하지 않다. 그렇기에 중소기업 창업자들이 굳이 복잡하고 구체적인 프로그램으로 후계자의 경영 능력을 분석할 필요가 없다고 생각할 수도 있다.

하지만 앞서 이야기했듯이 기업이 자영업 수준을 넘어선 외형을 갖췄다면 그 기업은 이미 오너의 것이 아니라고 생각한다. 기업의 성장과 함께해온 수많은 기업 내외부 고객과 이해관계자, 그리고 국가가 있었기에 현재의 기업으로 성장할 수 있었던 것이다. 때문에 중소기업 창업자 역시 기업을 잘 경영함으로써 기업의 사회적 공헌을 실천하려는 철학을 가져야 마땅하다고 생각한다. 특히 경영자는 대차대조표상의 수익만 추구하는 차원을 넘어 장기적 안목으로 더욱 질 높은 성장을 지향하고, '좋은 기업', '존경받는 기업', '지속가능한 기업'의 비전을 실현하기 위해 애써야 한다.

기업의 사회적 책임이 이렇게 막중함에도 경영 능력이 부족한 2세에게 가업을 승계할 경우 자칫하면 기업을 계속 유지하는 것조차 어려울 수 있다. 기업이 능력 없는 경영자로 인해 시장경쟁에서 도태된다면 임직원들과 그 가족은 물론 수많은 이해관계자가 큰 고통을 겪게 된다. 단순히 개인의 경제적 손실을 넘어 사회적으로 악영향을 끼치는 것이다. 나는 평소에 창업자의 2세가 능력과 준비가 부족하다면 소유와 경영을 분리해 전문경영인 체제로 전환해야 한다고 생각해왔다. 능력이 부족한 2세라면 관리업무나 대주주로서의 역할에 만족해야 한다.

평소 나의 소신대로 삼진일렉스는 2015년 1월 1일부터 전문경영인

체제를 도입했다. 오랜 시간 내 눈으로 직접 검증한 능력 있는 인재를 영입한 만큼 새로운 CEO에게 대부분의 결정 권한을 넘겨주고 그를 중심으로 조직이 운영될 수 있도록 분위기를 바꾸었다. CEO가 좀 더 자율적으로 판단할 수 있도록 내가 참석하는 회의도 대폭 줄였고 기업 내에서의 내 역할도 회사의 큰 방향을 제시하는 것으로 스스로 한정했다. 전문성을 갖춘 CEO와 임직원들이 더욱 회사를 발전시킬 것으로 믿기 때문이다.

기업이 창업 30년에 가까워지면 기업의 발전을 유지할 수 있는 세대교체에 대해 깊이 고민하고 많은 관심을 쏟아야 한다.

현재 삼진일렉스의 경영을 대부분 새로운 CEO에게 맡겼지만 업무에 대한 열정은 예전과 다를 바 없고 몸과 마음도 여전히 건강하다. 하지만 의욕이 지나치면 부족함만 못하다. 후계자를 적극적으로 육성하고 적절한 때에 유능한 후계자에게 경영을 맡기는 것이 기업과 사회를 위해 내가 해야 할 일이라고 믿는다. 새로운 후계자가 새 시대의 패러다임에 걸맞은 방법으로, 기업을 보다 건강하게 성장시킬 수 있다고 믿는다. 또 그렇게 해야만 기업의 지속가능성을 유지할 수 있고 기업시민으로서의 역할도 충실히 이행할 수 있다고 확신한다.

올라갈 때 못 본 꽃

고민이 깊어질 때면 어김없이 산을 찾는다. 자연과 함께할 수 있는 것에 늘 감사한다. 산에 오르면 사무실과 도심에서 복잡하던 머릿속이 나도 모르게 말끔히 정리되고 깊은 고민에 요동치던 마음도 차분히 가라앉는다. 내가 가장 좋아하는 산은 설악산이다. 매년 한 번 이상은 설악산에 올라 자연의 아름다움과 위대함을 만끽한다. 매년 새해 첫날에는 태백산과 마니산 정상에서 해맞이도 빼먹지 않는다.

나는 산을 좋아한다. 매일 새벽 집 뒷산에 올라 스스로를 다잡던 중학생 시절부터 지금까지, 산은 나를 푸근히 안아준다. 언제 찾아가든 너른 품으로 나를 반겨준다.

공자는 《논어》에서 "슬기로운 사람은 물을 좋아하고 어진 사람은 산을 좋아한다. 슬기로운 사람은 동적이고 어진 사람은 정적이며, 슬기로운 사람은 낙천적이며 어진 사람은 장수한다"고 했다 子曰, 知者樂水 仁者樂

山 知者動 仁者靜 知者樂 仁者壽.

　나는 공자의 이 말을 슬기로운 사람은 모든 이치에 통달해서 흐르는 물과 같고, 어진 사람은 정의와 진리에 뜻을 두고 인품이 중후해서 산과 같다는 의미로 해석한다. 모든 것을 포용하고 푸근히 안아주는 산처럼 이리저리 흔들리지 않고 중심이 올바른 사람이 되라는 뜻은 아닐까 하고 혼자만의 생각에 빠져보기도 한다.

　산은 많은 것을 가르쳐준다. 계절에 따라, 시간에 따라 모습을 바꾸는 산의 변화무쌍함은 감탄을 자아낸다. 산을 구성하는 나무와 물, 바위와 흙은 늘 그 자리에서 같은 듯 다른 모습을 보여준다. 교태를 부리지 않는다. 아름다우면 아름다운 대로 상처는 상처대로 자신을 있는 그대로 보여준다. 사람들에게 시달려도 언제나 스스로를 꾸미지 않는 담담함을 유지한다. 자연의 위대함은 이처럼 꾸미지 않는 극도의 담백함이 아닐까 하는 생각이다. 그래서 산에 오를 때마다 겸손과 겸허를 배운다.

　　　내려갈 때 보았네
　　　올라갈 때 못 본
　　　그 꽃.
　　　고은 시인의 '그 꽃'

　산을 오르는 과정은 인생 역정과 닮았다. 출발은 여유롭지만 정상에 가까워질수록 경사가 급해 몸이 힘들어진다. 빨리 오르려 애쓸수록 숨이 가쁘고 옆을 쳐다볼 여유가 없어진다. 같은 길로 내려오지 않으면 수많은 나무와 풀과 꽃이 그 자리에 있었는지 알 수 없을 정도다. 그래서일까. 고은 시인은 '그 꽃'이라는 시로 이런 이미지를 표현해냈다. 단 세 줄로 완성한 시에서 인생의 묘미를 깨달은 고은 시인의 깊고 넓은 마음이 느껴진다.

큰 산의 정상에 오르면 성취감이 크다. 무언가를 정복했다는 느낌이라기보다 해냈다는 느낌이다. 가파른 고개를 힘들게 올라 정상에 닿으면 좁은 시야가 확 트이면서 시원하고 드넓은 하늘과 만난다. 발아래로 보이는 드넓은 대지를 천하로 삼아 내가 호령이라도 하는 듯한 착각에 빠지기도 한다. 저 멀리 아랫동네도 보이고 굽이굽이 능선을 따라 펼쳐지는 아름다운 풍광에 마음을 빼앗긴다. 호연지기浩然之氣와 기백이 무엇인지 어렴풋이나마 느낄 수 있어 가슴이 벅차오르기도 한다.

나는 산이 이래서 좋다. 비록 내 스스로 어질지仁 못하다 한들 어떠랴. 산에서 어진仁 마음을 배우고 느낄 수 있다면, 그것만으로도 충분히 감사할 일이 아니겠는가!

5장

희망

이제 죽는 날까지
가치 있는 일을 하면서
많은 사람에게
내가 받은 모든 것을
되돌려주는 것이야말로
가장 큰 보람이
될 것이라고 생각한다.

오늘의 내가 있기까지 많은 분들의 도움이 있었다.
특히 극한의 환경이었음에도 최선을 다해
학교를 다닐 수 있도록 도움을 주신 많은 분들에게 지금도 감사하게 생각한다.
학업을 마치지 못했다면 공무원도, 사업도 할 수 없었을 테니
지금의 내 모든 것은 그들의 도움으로 이뤄진 것이라 해도 과언이 아니다.

이제 죽는 날까지 가치 있는 일을 하면서
많은 사람에게 내가 받은 모든 것을 되돌려주는 것이야말로
가장 큰 보람이 될 것이라고 생각한다.

난 당신을 믿어요!

외부 강연을 할 때 절망에 빠진 한 남자가 노만 빈센트 필 박사를 찾아간 이야기를 인용한 적이 있다. 이야기는 다음과 같다.

"평생 밤낮없이 일했는데 사업에 실패하고 말았습니다. 전 이제 모든 것을 잃었습니다."

필 박사가 종이를 꺼내며 말했다.

"모든 것을요? 그럼 당신에게 무엇이 남아 있는지 살펴봅시다. 부인이 계십니까?"

"예, 불평 없이 뒷바라지해준 좋은 아내가 있습니다."

필 박사는 종이에 '좋은 아내'라고 적었다.

"자녀들은 있나요?"

"착하고 귀여운 세 아이가 있습니다."

"친구는요?"

"헌신적인 친구들이 있지요."

사업을 하면서 힘든 고비가 올 때마다 아내는 내게 큰 힘을 주었다.

"건강은 어떤가요?"

"좋습니다."

잠시 후 남자가 갑자기 큰 소리로 외쳤다.

"감사합니다! 어쩌면 내 사정이 그리 나쁘진 않을지 모릅니다. 모든 것을 잃어버린 줄 알았는데 아직도 제게는 귀한 것이 많이 남아 있네요!"

아내는 나의 힘

노만 빈센트 필 박사를 찾아간 남자처럼 내게도 좋은 아내와 착하고 명석한 세 딸이 있다.

아내를 만난 것은 영등포구청에 근무하던 시절이었다. 당시 나는 상공과에 근무했고 아내는 사회과에 근무하고 있었는데 사회과에서 진행하는 '10만 주부 과학화운동'이라는 프로그램에서 인연을 맺었다.

당시 경원극장에서는 주부들을 대상으로 각종 강의를 진행하고 있었는데 나는 전기 사용과 계량에 대한 강의를 맡았다. 아내는 그 프로그램을 주관하는 입장이고 나는 강사이다보니 가까운 거리에서 지켜보면서 서로 호감을 갖게 됐다. 아내는 안분지족安分知足을 아는 사람이었다. 여성으로서는 드물게 유능함을 인정받는 인재였지만 옷 한 벌도 선뜻 사 입지 않는 검소함과 자기에게 주어진 모든 것에 감사할 줄 아는 사람이었다. 나는 '이 여자를 나의 반려자로 만들어야겠다'고 결심했다.

아내와 나는 4년간의 교제 끝에 1978년 1월 24일 서울 혜화동의 이화예식장에서 결혼식을 올렸다. 신혼여행은 워커힐호텔에서의 하룻밤이었다. 그리고 바로 다음 날 아내는 서울시청으로, 나는 중구청으로 출근했다. 신접살림은 돈암동에서 사글세로 시작했다.

아내는 서울시청, 동장, 민원실장 등을 거쳐 서울 강동구 사회복지과에서 정년퇴직할 때까지 어린이, 여성, 노인 문제를 다루는 사회복지 분야의 전문가였다. 과거 여성이라는 핸디캡으로 마지막 승진의 뜻은 이루지 못했지만 강직한 공직생활을 잘 마무리했다. 그래서인지 공직을 그만두자마자 여기저기서 권유가 있었다. 결국 자신이 일했던 강동구에서 구의원으로 당선되어 의정활동을 펼치기도 했다.

이처럼 아내는 자신의 일에 대해서는 전문가였지만 내게는 지고지순至高至純한 여성이었다.

사업을 하겠다는 계획을 처음으로 밝혔을 때 아내는 반대의사를 분명히 했다. 안정된 공무원 생활을 접고 기업체에 취직한 것도 모자라 미래가 불투명한 자기사업을 하겠다니 아내 입장에서는 반길 수 없는 게 당연했다.

"만에 하나 사업에 실패하면 남대문시장에 가서 리어카 사과장사라도 해 가정을 책임지겠소."

내 결심을 확인한 아내는 더 이상 반대하지 않았다.

보무도 당당하게 사업을 시작했지만 평일산업에서의 첫 번째 공사가 큰 적자를 보게 되면서 새로 산 집까지 헐값에 팔아야 했다. 어렵사리 마련한 집을 팔고 우리가 이사한 곳은 한옥집의 문간방이었다. 어린 세 딸이 재롱을 피우며 자라나던 시절이었다. 가장이 돈을 벌어 환경을 좋게 만들기는커녕 집을 날려먹었으니 그 미안함과 참담함이란 이루 말할 수 없었다. 입이 있으되 아내에게 할 말이 없었다.

"난 당신을 믿어요!"

첫 사업에서 고배를 마시고 단칸방으로 이사한 첫날 밤, 아내가 내 손을 잡으며 담담히 건넨 말이다. 이 밖에도 사업을 하면서 힘든 고비가 올 때마다 아내는 내게 힘을 주었다. 내 가족은 어떻게든 지켜낼 수 있다는 자신감과 현명하게 나를 지지해주는 아내가 있었기에 더 큰 힘을 낼 수 있었다.

아내는 사업을 일구느라 아이들과 함께할 시간이 없는 나를 대신해 가정의 기둥 역할도 해주었다. 요즘으로 말하면 워킹맘이자 직장과 가정 모두에서 성공한 슈퍼우먼이다. 아이들은 엄마의 헌신 덕분에 바르게 성장했다. 제대로 된 과외 한 번 없이 셋 모두가 연세대학교에 입학했고 졸업 후에 착하고 성실하게 열심히 살아가고 있으니 참으로 고맙고 하나님께 감사드릴 뿐이다.

딸들을 보면 미안한 생각이 든다. 특히 아이들이 한창 성장할 시기에 일만 하다보니 함께 좋은 추억을 만들어주지 못한 것이 가장 아쉽다. 또한 아이들이 어린 시절에는 사업이 본궤도에 오르지 못했기에 이것저것 가르쳐보면서 아이들의 숨겨진 재능을 찾아주지 못한 것 역시 아쉽다. 아버지가 반듯하게 살아가는 모습을 행동으로 직접 보여주려 애쓴 것 말고는 점수를 딸 수 있는 것이 없는 것 같다. 그저 세 딸 모두 반듯하게 자라난 것이 고맙고 감사할 따름이다.

아내는 지금도 이동할 때 버스와 지하철 등 대중교통을 이용하고 작은 것도 아껴 쓰는 검소한 생활을 하고 있다. 언제나 자랑스럽지만 한편으로는 힘들지 않을까 걱정된다.

"여보! 이젠 버스와 전철 대신 내가 직접 운전하는 차를 타시구려."

어머니, 목소리만 들어도 가슴 떨리는

아무리 힘들어도 어머니를 떠올리면 힘이 솟는다. 부모님은 내게 성실한 생활 자세와 노력하면 목표를 달성할 수 있다는 것을 온몸으로 가르쳐주셨다. 아버지는 누구보다 성실한 농부이자 사업가였다. 새벽부터 해가 질 때까지 부지런히 몸을 움직이셨다. 또 동네 일이라면 두 팔을 걷어붙이고 나섰고 이웃들에게 친절과 나눔을 아끼지 않은 인자한 분이었다.

1961년 초등학교 4학년 가을, 아버지가 입원 수술한 지 2달 만에 돌아가셨다. 급작스럽게 찾아온 아버지의 부재는 온 가족에게 시련이었다. 39살 젊은 나이에 홀몸이 된 어머니는 5명의 자식을 키우기 위해 안간힘을 쓰셨다. 하지만 900평 남짓한 텃밭은 가족의 생계를 책임질 터전으로는 한참 부족했다. 5일장을 찾아다니며 노점露店을 하면서 가족의 생계를 꾸리기 위해 노력하셨다.

맏아들인 형은 이미 1년 전에 3학년에 재학 중이던 중학교를 그만두고 서울로 무작정 상경한 상태였다. 당시 형편이 어려운 지역에서는 유행처럼 생겨나던 일이었다. 형은 성공해서 돌아오겠다거나 돈을 벌어 보내겠다는 그 흔한 편지 한 장도 남기지 않고 떠났다.

그야말로 설상가상雪上加霜이었다. 어머니를 도와 아무리 열심히 일해도 생계를 이어가는 데에는 한계가 있었다. 특히 춘궁기가 돌아오는 2월이 되자 아버지의 빈자리가 더욱 크게 느껴졌다. 한겨울이 지나갈 즈음 부엌에는 바가지로 쌀독 바닥을 긁는 소리가 유난히 크게 울려 퍼졌다. 주식인 조와 고구마가 다 떨어져서 먹거리가 부족한 시기였다. 그럴 때면 보리순과 밀가루를 섞어 죽을 쑤어 먹기도 했다. 콩비지와 술지게미로 끼니를 때우는 때도 있었다.

결국 등록금과 학비를 모으기 위해 중학교 입학을 미룬 나는 농사일을 거들고 장터에서 갖가지 물건을 파는 등 돈을 벌기 위해 애썼다. 어린 동생들을 먹이고 중학교에 입학하기 위해서 열심히 돈을 벌어야 했다.

집안형편이 이처럼 어렵다보니 이웃 사람들이 어머니께 이런저런 권유를 많이 한 듯하다. 하루는 수업을 마치고 집에 들어섰을 때 깜짝 놀랄 만한 이야기를 들었다. 안방에서 어머니와 이웃집 아주머니가 이야기를 나누고 있었다.

"차라리 아그들을 고아원에 보내쑈. 입 하나라도 덜고… 그라고… 아그들 밥은 묵여야제."

"아따~ 그런 말 마쑈. 나가 살아 있는디 새끼들을 어치케 고아원에 보낸다요. 어치케든 나가 키울라요!"

"와마~ 혼자 4남매를 어찌케 키울라고 그라요? 땅이 있소 돈이 있소. 답답하구마잉."

"산 입에 거미줄이야 칠랍디여? 풀로 죽을 쑤어 믹여도 내 새끼들은 나가 키울라요."

방문 밖에서 들은 어머니의 목소리에는 점점 물기가 번져 나오고 있었다. 고아원이라는 말에 내 어린 가슴은 철렁 내려앉았다.

'우리 가족이 뿔뿔이 흩어지게 되는 건가?'

죽기보다 싫었다. 그러면서도 한편으론 두려웠다. 어머니의 음성에서 눈물이 느껴지는 것도 가슴 아팠다. 몰래 뒤껻으로 돌아가 감나무 아래 쪼그리고 앉아 한참을 훌쩍거렸다.

사실 그 시절 가난한 집에서는 아이들을 고아원에 보내기도 했다. 고아원에서는 적어도 밥과 학교를 해결할 수 있었으니 가난한 부모 입장에서는 자식을 배고프게 하고 못 가르치는 것보다는 나은 선택이었을지도 모른다. 심지어 아이들 사이에서는 고아원 아이들이 학교에 가져오는 찐 우유를 보고 그 처지를 부러워하기도 했으니 더 말할 것도 없었다.

실제로 당시에는 먹을 것이 없어 술지게미를 먹은 아이들이 벌건 얼굴로 수업시간에 잠을 자는 촌극이 벌어지는 일이 잦았다. 도시락을 못 싸 오는 아이들에게 주는 옥수수죽을 더 먹기 위해 배식당번을 서로 하려고 다툴 정도로 배고픈 시절이었다.

사정이 그렇다보니 우리를 고아원으로 보내라는 옆집 아주머니의 말도 완전히 틀린 말은 아니었다. 하지만 어머니는 우리를 고아원에 보내지 않았다. 아무리 현실이 힘들어도 밝은 모습을 보여주려 노력하셨다. 내가 동생들을 책임지리라 굳게 다짐한 것도 어머니의 이런 마음을 알았기 때문이다. 우리 식구가 흩어지지 않기 위해서는 내가 아버지의 빈자리를 대신해야 한다는, 일종의 사명감 비슷한 것도 느꼈다. 그래서 더 열심히 어머니를 도왔다.

어머니는 부드러운 채찍

나는 어렵고 힘든 환경에서도 전혀 흔들리지 않은 어머니를 존경한다. 당신은 어려운 환경에서도 내 자식은 내가 키운다는 마음으로 모진 고통을 감내하셨다. 아이들을 먹이기 위해 농사를 짓고 노점을 하셨으며, 마을에서 진행하는 각종 일터에도 나가셨다. 당신이 할 수 있는 모든 노동을 아무런 불평 없이 해내셨다. 39세의 젊은 나이에 홀로 됐지만 재가하지 않고 4명이나 되는 자식을 마음으로 안아 키우셨다.

이처럼 어머니가 온몸으로 전해준 메시지는 내게 큰 보물이었다. 내가 성실한 생활을 지속하는 것도 아버지와 어머니를 보고 배웠기 때문이다. 무엇보다 어머니는 내게 좋은 인성을 남겨주셨다.

국비로 경기공업전문학교현 서울과학기술대학교와 연세대학교 경영대학원, 철도전문대학원 석사과정에 다닐 시기에는 몸과 마음이 말할 수 없이 피곤했다. 말이 주경야독晝耕夜讀이지, 낮에는 직장인으로 바쁘게 생활하고 밤에는 학생으로 변신해서 책상 앞에 앉아 공부를 하는 것이 쉬운 일은 아니었다. 그럴 때마다 나는 고향에 계신 어머니의 얼굴을 떠올리며 마음을 다잡았다. 젊은 시절 언제나 열심히 일하셨던 당신의 모습은 내게 부드러운 채찍과도 같았다.

올해 92세인 어머니는 여전히 건강하시다. 하나님께 매일 감사할 따름이다. 매일 전화를 드릴 때마다 건강한 목소리로 답해주신다. 누구나 마찬가지겠지만 내게 어머니는 목소리만 들어도 가슴 떨리는, 그런 분이시다.

신문팔이 학생이 바라본 세상

고등학교 입학금은 외사촌형이 도와줬지만 그 다음부터는 스스로 해결해야 했으니 나의 고단한 일상은 계속되었다. 한양공고 입학 후에는 철공소 일을 할 수 없었다. 주간에 학교를 다니다보니 아침저녁으로 청소를 하거나 간간이 일을 거드는 정도였다. 때문에 고등학교에 다니는 3년 내내 신문을 돌렸다.

새벽에 신문을 돌렸는데 이화동, 혜화동, 명륜동, 동숭동이 내 담당 구역이었다. 특히 동숭동 서울대학교는 고정으로 부수가 많았기 때문에 노른자위였다. 가방 대신 신문을 들고 대학 캠퍼스를 오가면서 "나도 이 대학에 들어오리라"는 다짐을 하기도 했다.

일요일이면 공사장에 나가거나 종로 2, 3가 뒷골목의 다방 등지를 돌아다니며 잡지를 팔았다. 크리스마스 때는 선물꾸러미를 잔뜩 들고 연인들이 많이 모이는 곳을 찾아 장사를 했는데 벌이가 쏠쏠했다. 다만 항상 교복 차림으로 행상을 했기에 동급생들과 마주치지 않기를 바랄 뿐이었다.

그래도 **살 만한 세상**

한겨울에 신문을 돌리는 것은 정말 힘들었다. 딱히 입을 옷이 없어 항상 교복차림이었는데, 값싼 점퍼 한 벌이 없어서 칼바람을 온전히 맞아야만 했다.

학교가 끝난 후 엄동의 추위에 신문꾸러미를 들고 골목을 누비다보면 추위도 추위지만 배고픔이 더 견디기 힘들었다. 제대로 먹지 못하니 체력이 고갈돼 신문배달을 끝내고 철공소로 돌아오면 파김치가 되기 일쑤였다.

지금도 아련하게 생각나는 것이 붕어빵이다. 서울의대 쪽 마로니에 공원에서 겨울마다 붕어빵을 만들어 파는 아저씨가 있었는데, 그 앞을 지나갈 때마다 붕어빵의 달콤한 냄새가 나를 유혹했다. 신문 두 부를 팔면 붕어빵 한 개를 사 먹을 돈이 생겼지만 그런 행운은 매번 오지 않았다.

크리스마스 이브였던 그날도 붕어빵의 유혹을 어렵사리 뿌리치고 신문을 돌리고 있었다. 그런데 어떤 집에 이르자 예쁜 아가씨가 대문 앞에서 기다리다 신문을 받아 들더니 "잠깐 들어오라"고 했다. 아가씨를 따라 집 안으로 들어가니 아무도 없는 식탁에 진수성찬이 차려져 있었다. 영문을 몰라 어리둥절해 있는데 아가씨가 의자를 빼주며 자리에 앉으라고 했다.

"저녁을 차렸으니 먹고 가요. 교복을 입은 것을 보니 학생인 것 같은데… 따끈한 밥 한 끼 먹이고 싶었어요."

'깍쟁이들만 사는 줄 알았던 서울에도 이렇게 마음 따뜻한 분이 있

구나.'

　서울에 올라와 처음으로 먹어보는 따뜻한 저녁밥이었다. 게다가 그야말로 성찬(盛饌)이었다. 밥을 크게 한 숟가락 떠서 입에 넣었는데 목이 메어 잘 넘어가지 않았다. 아가씨의 살뜰한 배려가 너무도 고마웠기 때문이었다. 남자 고등학생이 괜한 궁상을 떠는 것 같아 씩씩하게, 고향의 어머니께서 차려준 밥상이라 생각하고 맛있게 먹었다. 아가씨는 그런 내 모습을 흐뭇하게 바라보았다. 나오는 길에는 손수 짠 벙어리장갑과 양말까지 선물로 안겨주었다. 장갑도 없이 신문배달을 하느라 손등이 터지기도 했던 내게 아가씨의 따뜻한 마음이 담긴 그 장갑은 감동 그 자체였다.

인정(人情)과 냉정 사이

　철공소 다락방에서 공부하는 것은 여간 눈치가 보이는 게 아니었다. 낮에 힘들게 일한 공원들이 잠을 자야 하는데 나는 공부를 위해 불을 켜고 있으니 수면을 방해하는 것 같아 미안하기 이를 데 없었다. 종이로 갓을 만들어 전등에 씌워서 자그마한 스탠드를 만들어보았지만 불빛이 새어나가는 것은 어쩔 수 없었다. 게다가 철공소의 사정이 점점 어려워지고 있었다. 늦은 밤에 공부도 하고 잠도 해결할 수 있는 장소가 필요했다. 이때 서울법대 고시원 건물의 경비원 아저씨가 나를 도와주셨다.

　내가 신문을 돌리는 구역 안에 서울법대와 고시원 건물이 있었다.

그곳의 경비원 아저씨는 항상 나를 친절하게 대해주셨다. 그분의 눈에 고학을 하는 내가 안쓰럽고도 기특해 보였던 모양이다.

어느 날 아저씨께 "저도 고시원에서 공부 좀 할 수 있겠습니까?"라고 운을 뗐다. 얼토당토않은 말이었겠지만 고시원에 자리를 얻는다면 공부도 할 수 있고 잠자리도 그런대로 해결될 것 같았다. 처음에는 당연히 안 된다는 말이 돌아왔다. 하지만 얼마 지나지 않아 고시원 경비 아저씨가 뜻밖의 희소식을 전해주었다.

"자리 하나 내줄 테니 열심히 공부해보겠니?"

'대학생 형들과 나란히 고시원 생활을 할 수 있다니!'

나는 뛸 듯이 기뻐하며 바로 고시원으로 들어갔다.

직접 경험해보니 고시생들의 생활패턴은 일반 학생들과 달랐다. 이들과 함께 지내다보니 초저녁에는 자고 새벽 1시쯤 일어나서 공부를 하게 되었다. 하지만 제대로 먹지도 못하는 상태로 잠까지 부족한 강행군을 하니 몸에 무리가 왔다. 어느 날 한밤중에 화장실에 가다가 복도에서 졸도를 하고 말았다. 주위에 고시생들이 모여들며 야단법석이 났다. 그렇게 쓰러지는 일이 반복되자 하는 수 없이 고시원 생활을 접어야 했다. 지금 생각하면 영양실조 때문이었던 것 같다.

고교를 졸업하던 해, 나는 돈암동에 있는 한 주차장으로 거처를 옮겼다. 블럭을 쌓아 대강 만들어놓은 숙소에서 지내면서 낮에는 세차를 하고 밤에는 주차장에 세워둔 차를 지키는 것이 내 일이었다. 다만 밤에 잘 때 숙소에 연탄을 피워야 하는 게 문제였다. 연탄가스 중독의 위험이 컸다. 돈도 아끼고 위험도 피하려다보니 어느 날부터인가 주차장에 세워둔 차 안에서 잠을 자게 되었다.

그러던 어느 날 최고급 수입자동차의 기사가 나에게 "왜 차의 기름이 자꾸 없어지느냐?"며 의심의 눈초리를 보냈다. 처음에는 뜨끔한 마음에 이렇다 할 대답을 하지 못했다. 그러자 그는 "내가 이놈의 기름도둑을 잡아야지. 이거야 원…" 하며 공포 분위기를 조성했다. 할 수 없었다. 정직하게 고백했다.

"제가 밤에 너무 추워 차에서 히터를 틀어놓고 잤습니다. 용서해주십시오."

그 기사 아저씨는 호통을 치는 대신 나를 지그시 쳐다보고는 아무런 말도 하지 않았다. 아마도 내 처지를 이해해준 것이라고 짐작할 뿐이다.

물론 세상이 이처럼 따뜻한 것만은 아니었다. 하루는 동숭동 이화장梨花莊 바로 아랫집에 살던 노인이 나를 불러 세웠다.

"이거 가져가거라!"

노인은 신문 한 다발을 땅에 던졌다. 자세히 보니 내가 그동안 넣어드린 판촉지販促紙였다. 판촉지란 새로운 독자를 개척하기 위해 무료로 넣어주던 신문이다. 그동안 받은 판촉지를 모아두었다가 한꺼번에 내놓은 것이었다.

"할아버지, 이 신문은 안 돌려주셔도 됩니다. 신문 구독을 안 하셔도 상관없고, 돈을 내지 않으셔도 됩니다."

노인은 내 말은 안중에도 없다는 듯 막무가내로 소리를 질렀다.

"필요 없으니까 당장 가져가란 말이야!"

그러면서 눈을 치우던 눈가래로 사정없이 나를 내려쳤다. 입술이 터지고 손목에서 피가 흘렀다. 신문 뭉치를 들고 신문보급소로 돌아오는 길은 그 어떤 날보다 추웠다. 강매를 한 것도 아니고 그저 판촉지일 뿐이었다. 노인은 손자 같은 학생이 매일 신문배달을 하는 것이 안쓰럽지 않았던 모양이다. 살을 에는 겨울바람보다도 부잣집 노인의 매정한 언행이 더 추웠다. 그때, 신문보급소로 돌아오는 길에 내 스스로에게 했던 질문은 지금도 유효하다.

'돈이 제아무리 많아도 남과 나눌 수 있는 따듯한 마음이 부족하다면 과연 행복한 삶이라 할 수 있을까?'

희망을 준 사람들, 상처를 주는 말

 "신에게는 아직 12척의 배가 남아 있사옵니다."

명량해전을 앞둔 이순신 장군이 선조에게 올리는 장계에 나오는 말이다. 승리하고 말겠다는 강렬한 의지와 함께 어떻게든 난관을 극복하겠다는 긍정의 리더십이 느껴진다. 한국영화 흥행의 역사를 새로 쓴 작품 〈명량〉의 마케터가 이 문구를 광고 카피로 뽑은 것도 같은 이유가 아닐까?

나 역시 살아오면서 수많은 난관을 겪었다. 하지만 "나에겐 여전히 소중한 것들이 남아 있다"라는 감사한 마음을 갖는 순간 재기再起를 다짐할 수 있었다. 남산에 올라 삶을 포기하려고 했던 순간이나 계룡대 공사로 인해 파산 직전에 내몰렸을 때도 여전히 나에게 남아 있는 사람들에 대한 감사의 마음 덕분에 일어설 수 있었다. 특히 내가 어려울 때 나에게 도움을 주고 용기를 준 많은 분들은 내가 다시 일어날 수 있게 만들어준 든든한 버팀목이었다.

고교 입학의 은인 이계환 형님

1967년 12월 25일, 어머니와 동생들에게 작별인사를 하고 석양이 질 무렵 송정리행 완행버스를 탔다. 맨 뒷좌석에 앉아서 산허리 높은 곳에 위치한 우리 집을 바라보면서 한없이 눈물을 흘렸다. 검정 교복의 허벅지가 젖어 있었다. '꼭 성공해서 귀향하리라!'

호남선 완행열차는 비좁고 지루했다. 물 한 잔 못 마시며 입석으로 밤을 새워 도착한 용산역은 아직 어둠이 가시지 않은 엄동嚴冬의 칼바람이 부는 새벽이었다. 역 광장 건너편에 포장마차 우동집이 보였다. 가락국수 한 그릇을 순식간에 비웠다. 50여 년 전에 먹은 가락국수 맛을 지금까지도 뚜렷이 기억하는 이유는 외로움과 두려움, 그리고 반드시 성공하겠다는 희망과 허기를 면했다는 욕망이 한데 뒤섞인, 그야말로 강렬한 맛이었기 때문인 것 같다. 가락국수 한 그릇을 먹고 나니 주머니에는 달랑 버스 한 번 탈 돈만 남았다. 그것이 내 인생의 온갖 고난을 겪으며 꿈을 펼칠 서울생활의 시작이었다.

서울에서 의지할 유일한 곳은 종로구 효제동에 위치한, 외사촌 형님이 경영하는 철공소였다. 일단 효제동으로 향하는 버스에 올라탔다. 철공소에 도착하니 외사촌 형님이 반갑게 맞이해주셨다. 외사촌 형님 덕분에 서울에서 첫 밥숟가락을 뜰 수 있었다.

그 후 나는 외사촌 형님의 철공소에서 일을 거들며 지냈다. 외사촌 형님은 항상 나를 따뜻하게 챙겨주었지만 낯선 타향살이는 그리 녹록지 않았다. 철공소의 허드렛일을 도우며 생활하는 것은 몸도 마음도 고단한 일이었다. 이 사람 저 사람 눈치를 보는 것도 보통 일이 아니었다.

그래도 어릴 때부터 한번 시작한 일은 반드시 끝장을 보고야 마는 성격이어서 어떻게든 보란 듯이 성공하겠다고 다짐했다.

무일푼 신세였지만 한양공업고등학교에 입학시험 원서를 냈다. 나름대로 입학시험을 준비하고 있었지만 솔직히 걱정이 없지는 않았다. 중학교 시절 공부하던 책은 모두 고향에 있었고 새로 참고서 살 돈도 없었으니 시험 준비가 막막했다. 그러던 어느 날 철공소에서 함께 지내던 이계환 형님이 나를 철공소 한쪽으로 불렀다. 형님은 한손에 들고 있던 커다란 보따리를 내게 내밀었다.

"힘들지? 아무리 어려워도 고등학교는 나와야 한다."

보따리를 풀어보니 과목별 고입高入 예상문제집이었다. 시험이 한 달도 남지 않았는데 별다르게 공부할 책도 없는 것이 보기에 안타까웠던 모양이다. 공부할 문제집이 생겼다는 기쁜 마음에 말문이 막혀 휘둥그레진 눈으로 책과 형님을 번갈아 바라보고 있을 때 형님이 말했다.

"인마, 헌책이지만 열심히 해봐. 꼭 합격해야 한다."

피붙이도 아닌 나를 위해, 박봉인 자신의 월급을 쪼개고 쪼개서 모은 돈으로 참고서를 사 준 것이었다. 직접 청계천 헌책방에 가서 수북이 쌓여 있는 책들 중 가장 깨끗한 책을 하나하나 골랐을 형님의 정성을 생각하니 너무나 고마워 눈물이 왈칵 쏟아졌다.

"형 고마워요! 꼭 합격할게요!"

"사내자식이 울기는. 가서 얼른 공부해!"

시험까지 한 달도 남지 않았기에 이계환 형님이 사 준 문제집에 밤낮없이 매달렸다. 그리고 한양공업고등학교 전기과에 당당히 합격할 수 있었다.

한참이 지난 이야기지만 과연 이계환 형님이 내게 참고서를 선물해 주지 않았다면 고등학교에 입학할 수 있었을까? 2학년에 올라서면서 과에서 1등을 할 수 있었지만, 입학할 당시의 성적이 중위권이었던 것으로 미루어보면 합격에 대한 자신감은 있었지만 합격을 확신할 수준은 아니었을지도 모른다. 내게 학업으로 가는 첫 번째 다리를 놔주신 이계환 형님과는 지금까지도 좋은 인연을 이어가고 있다.

조카들의 돼지저금통

고등학교 입학금을 해결해준 외사촌 형님과 형수씨는 평생 잊지 못할 부모와 같은 은인이시다. 합격 통지서를 받았지만 돈이 없어 내심 입학을 포기하고 있었는데 등록 마감 날 외사촌 형님이 부르더니 돈을 내미는 것이다.

"빨리 가서 등록하거라."

구세주가 따로 없었다. 철공소 여직원과 함께 날아가듯 평화시장 안에 있는 은행으로 달려가 돈을 입금한 시간은 마감이 불과 3분 남았을 때였다. 은행을 나설 때 세상을 다 가진 것 같은 느낌이 들었다. 그때 다짐하고 다짐했었다.

"형님, 고맙습니다. 열심히 공부해서 반드시 성공할게요. 이 은혜 잊지 않을게요."

고교 2학년 여름에는 외사촌 형수에게서 평생 잊지 못할 선물을 받앉다. 초등학교 교사였던 형수님은 생활 자세나 인격 면에서 존경할 만한 분이었다. 어느 날 형수가 나를 부르더니 종로 화신백화점으로 가자고 했다. 그러고는 여름 교복을 사 주셨다.

형편상 집 밖을 나설 때는 항상 교복만 입고 다니다보니 내 교복은 너무나 낡아 있었다. 보다 못한 형수가 새 교복을 사 준 것이었다. 나에게는 정말 뜻밖의 큰 선물이었다.

새 교복을 머리맡에 걸어두고 잔 그날 밤 나는 꿈속에서 새 옷을 자랑하듯 가슴을 펴고 걷는 나를 만났다. 다음 날 아침 새 교복을 입고 등교할 때는 마치 신입생이 된 듯한 기분이었다. 교복에서 하얗고 커다란 페가수스의 날개라도 돋을 것만 같았다.

며칠 후 놀라운 사실을 알게 됐다. 형수가 여윳돈으로 교복을 사 준 것이 아니라 아이들의 돼지저금통을 깨서 사 준 것이었다. 그때는 철공소 사정도 나빠질 대로 나빠졌을 때였다. 형수에게도 여유가 없었을 텐데 시동생의 옷차림을 차마 보고 있을 수가 없었던 모양이다. 이런 사실을 알고 나니 잠시나마 들뜬 마음으로 등교했던 내 자신이 미안하기도 하고 고맙기도 해서 가슴 한쪽이 아렸다.

3억보다 더 큰 **300만원**

계룡대 공사로 침몰위기에 몰린 나에게 많은 분들이 도움을 주셨다. 그중에서도 윤영배 선배를 잊지 못한다. 한양공고 선배였던 그는 당시 기아그룹의 계열사인 (주)기산의 임원으로 근무하고 있었다. 만나자는 연락을 받고 회사로 찾아가 커피를 마시며 이런저런 얘기를 나누었다. 절망의 늪에서 빠져나오기 위해 온힘을 쏟고 있었던 때라 마음의 여유가 없었지만 고교시절 친형처럼 나를 보살펴주던 선배와 대화를 나누다보니 마음이 편해졌다.

"옛날에 〈절망은 없다〉라는 라디오 프로 있었지?"

윤 선배가 난데없이 라디오 프로그램 얘기를 꺼냈다. 나는 약간 의아한 눈빛으로 선배를 바라보았다.

"그 프로 시작할 때 성우가 그렇게 말하잖아. 폭풍이 지나간 들에도 꽃은 피고 지진이 일어난 땅에도 맑은 물은 솟아 흐른다."

그러고 보니 나도 서울에 올라와 철공소에서 생활하며 형들이 라디오를 들을 때 자주 듣던 구절이었다. 과거 라디오로 들을 때는 그저 상투적인 문구로만 들렸는데 그 순간에는 너무나도 절실하게 나를 향해 던지는 메시지 같았다. 나를 아껴주던 윤 선배가 그런 얘기를 하니 더욱 가슴으로 스며들어왔다.

"지금 당장은 힘들어도 좀 견디면 좋은 날이 올 거야. 넌 죽지 않으면 일을 할 수 있는 사람이니까 꼭 재기할 거라 믿는다."

그러면서 서랍을 열더니 통장과 목도장을 꺼내 나에게 주는 것이다.

"얼마 안 되지만 보태 써."

내가 사양했지만 선배는 통장과 도장을 내 손에 꼭 쥐어주었다. 그러면서 말했다.

"힘내라."

가슴에서 묵직한 무언가가 치밀어 올라 목이 메었다. 그렇게 고마울 수가 없었다. 사무실을 나와 통장을 보니 300만원이 들어 있었다. 뜨거운 눈물이 쏟아져 앞을 가렸다. 이렇게 큰돈을 선뜻 내줄 수 있는 사람이 어디 흔하겠는가.

내게는 성찬(盛饌), 남에겐 꿀꿀이죽

사람이 살다보면 쉽게 지워지지 않는 마음의 상처를 받을 때도 있다. 주차장 관리실에서 숙식을 해결하면서 서울시 공무원 시험을 준비하던 고교 3학년 시절, 고향 친구 두 명이 나를 찾아왔다.

먼 곳에서 친구들이 찾아왔으니 응당 근사한 곳에 가서 맛있는 것을 사 주고도 싶었지만 내 형편상 그저 희망사항일 뿐이었다. 어쩔 수 없이 주차장 관리실에서 라면을 끓여 대접했다. 친구들이 왔으니 평소와 달리 달걀도 넣은 특제라면을 정성스럽게 끓였다. 마침 남은 밥도 있어서 라면에 넣어 상을 차려 냈다.

"차린다고 차렸는데 어떨지 모르겠다. 맛있게 먹자."

상을 내려놓고 친구들이 먹기를 기다리는데 한 친구가 인상을 찡그리며 쏘아붙이듯 말을 내뱉었다.

"야! 돼지죽을 먹으란 말이냐?"

순간 뒤통수를 세게 얻어맞은 기분이었다. 아니, 날카로운 칼이 내 심장을 도려내는 것 같았다.

오랜만에 찾아온 친구들을 대접하려고 정성 들여 차린 음식을 보고 돼지죽이라니! 집안형편이 좋은 편에 속하는 그 친구 입장에서는 찬밥을 넣은 라면이 입에 안 맞을 수도 있었겠지만 아무리 맛이 없어도 맛있게 먹는 시늉이라도 해주는 게 친구 아닌가?

다른 친구가 분위기를 수습해주어 겨우 넘어갔지만 그날 받은 마음의 상처는 오랫동안 내 마음속에 티눈처럼 박혀 있었다. 물론 극도로 빈한貧寒한 당시 내 형편 때문에 자격지심이 생겨서 한 오해일 수도 있다. 또, 경제적인 궁핍으로 인해 마음의 여유가 없어서 친구의 말을 농담으로 받아치는 유머감각이 부족했을 수도 있다. 하지만 사람은 상대방이 무의식중에 던진 말에도 크게 상처를 받는 존재이다. 이날의 경험은 좋지 않은 상황에 처한 사람과 대화할 때에는 항상 언행에 조심해야 한다는 교훈으로 내 가슴속에 남았다.

사실 어려운 상황에 처한 사람에게는 자그마한 도움도 큰 위로와 용기가 된다. 그 감사한 마음은 대리석에 새긴 글귀처럼 오래간다.

오늘의 내가 있기까지 많은 분들의 도움이 있었다. 특히 극한의 환경이었음에도 최선을 다해 학교를 다닐 수 있도록 도움을 주신 많은 분들에게 지금도 감사하게 생각한다. 학업을 마치지 못했다면 공무원도, 사업도 할 수 없었을 테니 지금의 내 모든 것은 그들의 도움으로 이뤄진 것이라 해도 과언이 아니다.

이제 죽는 날까지 가치 있는 일을 하면서 많은 사람에게 내가 받은 모든 것을 되돌려주는 것이야말로 가장 큰 보람이 될 것이라고 생각한다.

인생을 걸 만한 목표를 세워라

뜨거운 태양이 내리쬐는 2015년 7월 21일 오후, 나는 모교인 서울과학기술대학교 도서관에 앉아 있었다. 리더십 전문 매거진 〈리더피아〉가 마련한 후배 학생들과의 좌담회에 참석하기 위해서였다. 청년에게는 기성세대의 경륜과 통찰력을 접할 수 있는 기회를, 기성세대인 내게는 대학생들의 현실적 고민을 공감할 수 있는 기회를 제공하려는 취지로 기획된 좌담회였다. 일정이 바빠 약속시간을 한 번 바꾸었지만 모교를 홍보하는 부수적 효과도 있으니 내 입장에서는 거절할 이유가 없었다.

내게 서울과학기술대학교는 인생의 큰 목표를 세워 새로운 길을 모색할 수 있도록 해준, 일종의 도량道場이었다. 학업을 통해 더 큰 세상으로 나아갈 수 있었고 수많은 난관을 극복할 수 있는 발판이 되었다. 2014년 4월 14일에는 서울과학기술대학교가 처음 실시한 '자랑스러운 서울과기대인상'을 수상하는 영광도 얻었다. 교내 100주년기념관 대강당에서 '개교 104주년 기념 제3회 홈커밍데이' 행사와 함께 열린 시상

식은 내 생애에 가장 빛나는 날로 기록될 것이다. 중학교에도 진학하지 못하고 농사꾼이 될 뻔한 옥당골 소년이 숱한 난관 속에서 대학을 졸업하고, 그 대학에서 주는 상의 제1호 수상자가 됐으니 정말 감개무량한 일이었다.

그러니 내가 후배들의 성공을 위해 더 나은 학습여건을 조성하고, 학교 발전을 위해 열과 성을 다하는 것은 당연한 일이다. 현재 학교재정위원장으로 활동하면서 내가 받은 행복을 후배들에게도 전달해주기 위해 물심양면으로 노력하고 있다.

5년 전에 졸업작품전시회가 열리는 강당에서 공대생들을 대상으로 강연을 한 경험은 있지만 젊은 대학생들과 1대1로 소통할 기회는 거의 없었다. 때문에 이번 좌담회를 통해 국가 성장과 민주화를 이끈 세대의 경험과 지혜가 현재의 디지털 세대에게 어떤 의미를 가지는지에 대한 해답의 실마리를 찾기를 바랐다. 특히 오랜 시간이 흘러 사회 구조와 국민의 의식 수준이 크게 변화했더라도 자아실현을 위한 도전과 극복, 열정과 몰입은 여전히 소중한 가치이며, 다음 세대를 책임질 청년들이라면 반드시 성찰해야 할 화두라고 확신하고 있었다.

총학생회장과 단과대 학생회장 등 5명의 학생이 참석한 좌담회에서는 많은 이야기가 오갔다. 처음으로 40년 터울의 후배들과 마주 앉아 편하게 대화를 나눈 것은 내게는 의미 있는 시간이었다.

이날의 대화를 일문일답 형식으로 요약해 소개한다. 후배들이 질문하고 내가 대답하는 구성이다. 부족하나마 세대 간 소통의 문을 여는 자그마한 이정표가 되길 바란다.

모교인 서울과학기술대학교 학생들과의 좌담회.

Q 사람의 인생이나 사업에는 변곡점이 있다고 한다. 사업을 하면서, 인생을 살면서 터닝 포인트는 언제였다고 생각하나?

A 좋은 기회를 잡았을 때만 터닝 포인트라 부를 수 있는 것은 아니다. 난관을 극복하는 과정 역시 터닝 포인트가 될 수 있다. 운運도 내가 준비가 돼야 잡을 수 있다. 무엇이든 성장하는 계기로 만들기 위해서는 스스로 과정을 만들어나가야 한다.

내 인생의 가장 큰 터닝 포인트는 학업이었다. 어려운 환경이었지만 학업만큼은 포기하지 않았고 열심히 공부했다. 결국 학업을 통해 더 큰 목표를 세울 수 있었고, 새로운 길을 모색할 수 있었다.

Q **후배들 역시 자신만의 터닝 포인트를 잡아야 할 것이다. 어떻게 준비해야 할까?**

A 무엇보다 긴 호흡으로, 인생 전체를 바라보며 계획을 세웠으면 한다. 긴 호흡이 아닐 경우 난관을 견뎌낼 수 있는 힘이 떨어져 쉽게 목표를 바꾸게 된다. '내 인생을 걸 만한' 큰 목표를 잡고, 그에 따른 계획을 세우기 바란다.

나는 대학 입학 후 사업을 계획할 때 오직 돈을 많이 벌겠다는 목표를 세우지 않았다. '평생이 걸려도 이런 회사를 만들겠다'는 목표에 따라 계획을 세웠다. 한참을 지나고 보니 무언가를 성취하고 성공했을 때의 보람이 극복 과정에서 느끼는 고통보다 훨씬 더 컸다. 고통과 인내의 시간은 모두 지나가지만 성공은 현실로 남는다. 후배들 각자가 자신만의 목표를 달성하는, 성공하는 인생을 만들기 바란다.

Q **학생들의 대표자가 되니 리더십에 대한 고민이 자연스럽게 커진다. 가장 중요한 리더십의 덕목은 무엇이라 생각하나?**

A 내가 생각하는 리더십의 기본은 솔선수범이다. 특히 리더는 책임을 져야 하는 자리다. 자기절제를 통해 구성원들에게 모범을 보일 수 있는 방향으로 솔선수범해야 한다. 전문성뿐만 아니라 인격적으로도 존

경받을 수 있어야 한다.

Q **단과대 회장 당선 이후 문제를 해결하거나 선택의 상황이 닥쳤을 때 간혹 고독함을 느낀다. 내 고민을 구성원들과 어디까지 나누어야 할지, 그냥 내 가슴에 묻고 가야 할지 고민될 때가 있다.**

A 어려운 선택일수록 최후의 선택은 리더의 몫으로 남는다. 하지만 중요한 것은 구성원들과 함께해야 한다는 점이다. 리더 혼자서 모든 일을 다 할 수는 없다. 하고자 하는 일을 통해 어떤 가치를 실현할 수 있을지 구성원들과 공유하길 권한다. 일의 가치와 목적을 공유해 각자가 자신의 일에 자긍심을 가질 수 있는 방향으로 소통하는 것이 좋다.

내 경우엔 직원들이 보다 큰 가치를 지향할 수 있도록 유도하고 있다. 회사와 개인의 성장을 위해 일한다는 수준을 넘어 '내가 이 사회에 이러이러한 공헌을 하는 가치 있는 일을 하고 있다'는 사명감을 가질 수 있도록 노력하고 있다. 이처럼 비전과 정보를 공유하고 협력하니 성과는 자연히 따라오더라.

Q **상경계열 광고홍보학과에 다니다가 어떤 일이든 인문학이 기본이라 생각해 학교를 옮겨 인문학을 공부하고 있다. 하지만 내가 인문학적 기반을 갖추고 있다는 것을 증명하는 것은 매우 어렵다. 공대처럼 가시적으로 보여줄 수 있는 방법이 없다는 생각에 회의가 들기도 한다.**

A 지식이 다양해지고 모든 산업이 융복합되면서 인문학의 중요성이 더욱 커지고 있다. 이제 인문학을 무시하고서는 사업을 할 수 없는 상황이 되었다. 관광명소가 된 테마파크를 생각해보자. 과연 이것을 기획하는 일이 건축이나 공학만으로 가능할까? 인문학적 통찰력이 없으면 불가능한 일이다. '기술이 세상을 바꾼다'는 말이 있는 것처럼 '세상을 움직이는 것은 인문학'이라고 생각할 수 있지 않을까?

Q **15학번 새내기다. 학교생활을 어떻게 해야 할까?**

A 인생은 짧고 학창시절은 다시 오지 않는다. 폭넓은 경험을 하면서 열심히 생활하기 바란다. 특히 크고 높은 목표를 세워 묵묵히 실력을 쌓아가기 바란다. 등산할 때 정상에 오르려 노력하는 이는 언젠가 정상에 갈 수 있다. 반면 산의 입구 선술집에서 노는 것에 만족하는 사람은 거기서 그치기 마련이다.

인천공항 건설 당시 만난 강동석 건설교통부장관이 "서울과기대 동문들이 없었다면 이걸 지을 수 있었겠느냐"고 말할 정도였다. 자부심을 가지고 열심히 정진하기 바란다.

Q **조기졸업을 하고 싶은데 주변 사람들이 말린다.**

A 진로에 대한 계획이 명확하고 그에 따른 경험 축적이 목표라면 조기졸업도 좋은 방법이다. 하지만 목표와 계획이 명확하지 않다면 여유

를 가지고 깊고 넓게 공부하는 것도 좋다고 생각한다.

Q 현재 삼진일렉스에 서울과기대 출신 인재들이 있나?

A 대표적인 인물이 본사 연구소장과 현재 건설 중인 삼성전자 호찌민 가전공장 현장 책임자로 나가 있는 직원이다. 직접 살펴보니 대체로 과기대 출신 직원들은 난관을 잘 극복하고 솔선수범하는 공통점이 있었다. 학교 특유의 문화와 정신이 여전하다고 생각한다.
학창시절 교수님들께서 "과기대생들은 들풀이다"라는 말을 자주 하셨다. 과기대생들은 끈기와 자생력을 지니고 있어 아무리 어려운 환경이라도 잘 극복하고 자신의 실력을 펼쳐낸다는 의미였다.

Q 요즘 대부분의 대학생들이 가진 가장 큰 고민은 취업이다.

A 내 젊은 시절을 돌이켜보면 당시에는 기업도 많지 않고 직종도 다양하지 않았다. 경쟁자들에 비해 우월한 실력을 갖춰야 하는 것은 지금이나 그때나 같지 않을까? 앞서 말했듯 긴 호흡으로 목표를 세우고 차근차근 실력을 쌓아나갈 것을 권한다. 일희일비一喜一悲할 필요 없다. 당장 힘들다 해서 포기하지 말고 극복해내는 젊은이가 되기 바란다.

Q 청년실업 문제는 사회적으로도 심각한 문제다.

A 사업가로서, 청년의 일자리를 많이 제공해야 할 기성세대로서 안타깝다. 학생 개인의 노력도 필요하지만 사회적 고민을 통한 변화도 절실하다고 생각한다. 기업 입장에서는 더 큰 시장으로 진출하기 위해 해외로 나갈 수밖에 없다. 때문에 국가 차원의 고민을 통해 근본적인 변화가 필요하다. 청년들이 고시나 대기업 입사 외에도 창업처럼 보다 도전적 목표를 가질 수 있는 환경을 조성해야 할 것이다. 대다수 노동자가 직면한 현실을 외면하고 자신의 이익만 추구하는 귀족노조의 행태도 변해야 한다.

이 글을 쓰는 지금은 좌담회가 끝난 지 2주일이 지난 시점이다. 학생들이 이날의 대화를 통해 스스로를 변화, 발전시킬 동인動因을 찾았는지 나는 아직 모른다. 어떤 것에서 가치를 추출해내는 것은 결국 각자의 몫이니 말이다. 나는 간혹 그날의 대화를 상기한다. 젊은 세대와 더욱 가깝게 소통할 수 있는 기성세대 중 한 명이 될 수 있도록 노력해야겠다. 그들에게 무언가 조언할 수 있는, 진정한 멘토가 되는 그날까지….

후손에게 물려줄 가장 큰 유산

　　　　　　"지금까지 남측에서 온 분들 중에 북측의 실상을 가장 많이 보고 계십니다."

경공업분야 협력 등 3가지 이유로 방북했을 때 1인 1명씩 따라붙은 북쪽의 보안요원이 내게 한 말이다.

과거 매년 봄 평양에서 열린 '제10회 평양국제박람회' 참석을 위해 5박6일간 북한에 체류한 경험이 있다. 물론 보안요원의 감시로 인해 완전히 자유롭게 운신하지는 못하는, 통제된 상황이었지만 안내 실수가 겹치면서 평소에 들던 것 이상으로 북한의 실상을 목도할 수 있는 기회였다.

당시 확인한 북한 인민들의 삶은 눈물이 날 정도로 열악하고 곤궁했다. 박람회장 역시 100여 개의 부스를 다 채우지 못해 한약, 서예작품 등으로 공간을 메우고 있었다. 말이 국제박람회지 10여 개가 채 안 되는 동구권과 중국의 약품 관련 기업이 전부였다.

방북 기간 동안 모두 3번 눈물을 흘렸는데, 첫 번째로 울컥한 곳은 대학교 도서관이었다. 젊은 북한의 학생들이 모여 공부하는 대학도서관은 우리나라 대학의 도서관과 비교할 수 없을 정도로 환경이 열악했다. 게다가 자유분방하게 자신의 개성과 능력을 개발하는 우리 대학생들과 무언가 꽉 막힌 듯한 그들의 표정을 비교하니 안쓰럽고 답답했다.

야간에 평양 시내를 버스로 돌아봤을 때도 눈물이 났다. 모두 4번 평양 시내를 구경했는데, 전력 사정이 좋지 않아 밤이면 길거리는 물론 역전에 있는 가로등마저 모두 꺼져 있었다. 과거에 쓰던 카바이드 가스등을 밝히고 먹을 것을 파는 리어카 주위에 몇몇 주민이 모여 있는 모습이 아주 가끔 눈에 띄었다. 내가 전기업계에 종사해서 그런지 칠흑같은 어둠으로 뒤덮인 평양 시내의 풍광을 보니 착잡한 마음을 가눌 길 없었다.

묘향산에 있는 김일성, 김정일 선물궁전으로 가는 길에 협동농장의 모내기 장면을 보았을 때도 눈물이 났다. 6월 12일로 기억하는데 장대비가 내리는 가운데 20~30명의 농부가 검정 팬티 바람으로 모내기를 하고 있었다. 70년대에 규격화된 시멘트 기와를 얹은 집단농장 집들의 반은 시멘트 기와로 개량하지 못해 초가지붕이었고 창문 등은 비닐을 둘러친 초라한 모습이었다. 북한 주민의 생활 모습은 우리의 상상을 초월해 시간을 40여 년은 뒤로 옮겨놓은 듯이 열악했다. 궁전에 도착해서 안내 실수로 직접 보게 된 주민과 군인 일행의 모습은 빈민국의 난민 같았다.

통일은 빠를수록 좋다

나는 시간이 흐르면 흐를수록 통일이 어려워질 것이라 생각한다. 그래서 최대한 빨리, 가급적 10년 이내에 통일이 되길 바란다.

한반도가 남북으로 갈린 지 이미 70년이 흘렀다. 그만큼 북한은 우리와는 다른 정치경제 체제로 인해 전혀 상관없는 다른 나라처럼 되어가고 있다. 언어나 사회문화의 이질감도 점점 커지고 있고 최근에는 그동안 함께 쓰던 표준시간도 바뀌었다.

국제 정세도 만만치 않다. 기존 패권국가인 미국은 물론 일본과 중국을 중심으로 한 동북아 질서는 대단히 미묘하게 돌아가고 있다. 일본은 제2차 세계대전을 일으킨 데 대한 사과의 마음이 없어서인지 역사왜곡을 넘어 전쟁이 가능한 국가로 변신해가고 있다. 특히 이미 동북공정을 야심차게 진행 중인 중국은 국력이 강해짐에 따라 패권국가로서의 욕심이 커지고 있다. 북한 체제에 결정적 요인이 발생할 시 직접 군을 진주시키거나 친중국 정부를 세우려 계획하고 있다는 게 일부 군사 전문가들의 분석이다.

그래서일까? 2015년 가을 〈한겨레신문〉이 19세에서 35세까지 1500명의 청년을 대상으로 한 여론조사에 따르면 20대 청년들 중 37%가 '현재대로 통일이 되지 않아도 좋다'를 선택했다고 한다. 빠른 시일 내에 통일해야 한다는 의견은 13%에 그쳤다. 같은 조사에서 '현재대로'를 선택한 30대가 22%임을 감안하면 세대가 지날수록 통일에 대한 당위적 가치보다 현실적 고통을 우선시하는 것으로 해석된다. 이미 일자리 부족으로 홍역을 앓고 있는 청년들에게 통일은 '북쪽의 값싼 노동력이 대거 유입됨에 따라 일자리가 더욱 없어지게 되는 날'로 받아들이고 있는 것 같다는 분석을 보니 한숨이 나왔다. 젊은 세대들에 대한 통일 교육에도 힘을 쏟아야 할 것이다.

물론 통일을 이루기 위해서는 선결해야 할 과제가 대단히 많을 것이다. 세세한 부분까지 따지면 과연 이게 가능할까 하고 부정적 생각을 가질 사람도 많을 것이다. 통일을 이루기 위해 햇볕정책이 좋은지 강경기조가 좋은지 논쟁하고 싶지는 않다. 다만 우리가 통일을 원한다면 핵개발억제정책의 일관성을 지켜나가는 동시에 민간교류를 증대시키는 투트랙 전략으로 북쪽의 변화를 이끌어내는 노력이 필요하다는 것만은 분명하지 않을까? 나는 인도주의적 차원에서 통일이 우리와 한민족인 북한 사람들이 보다 높은 질의 삶을 누릴 수 있는 계기가 될 것이라는 점에 주목할 필요가 있다고 생각한다.

특히 우리나라가 주도하는 민간교류는 끊임없이 진행돼야 한다고 생각한다. 북한의 의미 있는 변화를 이끌기 위해서는 인도주의적 지원과 문화교류를 지속해야 한다고 생각한다. 이산가족 상봉, 금강산 관광, 인도적 지원, 특구 개발, 지하자원 개발, 문화교류 등으로 신뢰를 구축해 한민족으로서 지녀야 할 문화적 동질감을 잃지 않도록 끊임없이 노력해야 한다. 동질성을 잃게 되면 분단을 해소할 수 없으므로 문화체육 교류도 활발히 진행해야 할 것이다. 이러한 정책이 시행되어야만 북한의 변화를 가속화시킬 수 있고 통일비용을 줄일 수 있다고 생각한다.

박근혜 대통령의 '통일은 대박이다'라는 말처럼, 통일은 대단히 큰 기회를 창출할 수 있는 계기가 될 것이다. 우리가 경제대국, 군사대국,

외교강국이 될 수 없는 것이 현실임을 고려한다면, 그리고 달러, 위안화, 엔화, 유로화 등 긴축통화정책에 적응하면서 수출에 의지해야 하는 현 상황을 고려한다면 국가경제의 난국을 수습할 수 있는 필수조건은 역시 통일을 통한 내수시장 확대일 것이다.

우리 기성세대가 후손에게 물려줄 가장 큰 유산은 통일이라고 생각한다. 우리가 후대에 전해줄 경제적 번영, 건강한 민주주의와 자본주의, 파괴되지 않은 자연환경 등 다양한 가치 중에서 '통일'은 가장 중요한 민족의 과제라고 생각한다.

민주평화통일자문회의 민주평통 활동을 오래도록 해오고 있는 것도 한반도의 통일이야말로 우리 민족의 번영을 위해 반드시 필요한 과정이라고 생각하기 때문이다. 헌법기관인 민주평통은 국민의 통일의지와 역량을 결집해 민족의 염원인 평화통일을 구체적으로 실천하고자 1980년대 초반에 범국민적 통일기구로 설립됐다. 특히 다변화하는 주변국의 정세에 탄력적으로 대응하며 통일시대에 대비하기 위해서 초당적·범국민적 차원에서 통일정책을 수립하고 추진해나가는 데 그 의미가 있다. 내가 민주평통 강남구협의회에 몸담고 있는 것도 지역과 계층, 정파와 세대와 상관없이 다양한 계층이 통일의 중요성을 잊지 않고, 통일을 이루기 위한 다양한 활동에 참여토록 하기 위해서다.

여전히 통일을 민족의 숙원이라고 표현하는 이들이 적지 않다. 이 시대를 살고 있는 우리의 책무요 의무라는 의미일 것이다. 요즘은 '통일 대박론'이라는 말도 자주 쓰인다. 그만큼 통일이 분단의 아픈 상처를 치유하기 위한 단선적 과정에 머물지 않는다는 의미일 것이다. 나아가 나는 통일이 전 세계가 인정한 '한강의 기적'을 이룬 우리 기성세대의 임무라고 생각한다. 다음 세대가 성취해야 할 '제2의 기적'의 밑바탕을 조성하기 위해 반드시 달성해야 할 기본 전제조건이 바로 통일이라고 생각하기 때문이다.

통일된 조국이야말로 우리 기성세대가 후대에 물려줄 수 있는 가장 큰 유산이 아닐까?

6장

미래

'내일
이것을 이루고 난 후에
내 삶을
즐길 것이라고 하지만
영원의 관점에서 보면
우리의 삶은
끊임없이 반복되는 것이다.
세상은 동일(同一)한 것이
영원히 회귀하는
과정에 불과하다.'

'내일 이것을 이루고 난 후에 내 삶을 즐길 것이라고 하지만
영원의 관점에서 보면 우리의 삶은 끊임없이 반복되는 것이다.
세상은 동일(同一)한 것이 영원히 회귀하는 과정에 불과하다.'

- 프리드리히 니체-

미래를 책임질 3가지 '진심眞心'

경영자라면 돈보다는 가치를 추구해야 한다는 것이 상식이 된 시대다. 기업에 조금이라도 관심이 있는 사람이라면 대부분 비슷한 말을 한다. 하지만 기업 현장에서 이를 실천하기란 말처럼 쉽지 않다. 제아무리 큰 가치를 가슴에 품고 있다 하더라도 현실화시킬 수 있는 힘이 없다면 화중지병畵中之餠일 따름이다.

특히 규모가 작고 현금유동성이 낮은 사업 초기에는 큰 가치를 추구하기 어렵다. 나 역시 마찬가지였다. 1982년에 사업을 시작한 후 10년 동안은 부채를 해결하는 것이 당면과제였다. 벼랑 끝의 위기를 겪기도 했지만 회사의 외형 성장과 재무건전성을 갖추기 위해, 그야말로 온몸을 던져 일했다. 다만, 내 마음속 목표를 남들에게 자랑하듯 말하는 대신 정직하게 일했다. 아무리 곤궁한 상황에 몰려도 실적 부풀리기 등의 편법은 절대 쓰지 않았다. 다른 사람들이 나를 '요령을 모르는 바보'라고 폄하했지만 성실하고 묵묵히 그 길을 갔다. 당장은 느리게 보여도 위기상황을 모면하는 묘수를 짜내기보다는 정석으로 가는 것이 성장의 지름길이라고 믿었다. 투명하고 정직한 경영과 앞선 기술로 업계의 모범이 되는, 진정한 의미의 전문업체를 만들기 위해 애썼다. 나름의 노력 덕분인지 1992년부터는 무차입경영을 실현할 수 있었다. 그간 하나님께 늘 '빚 없는 세상을 살게 해주세요'라고 기도했다. 빚을 모두 정리하던 날, 바로 내 소원이 이루어지던 날은 노예로부터 해방된 기분이었다. 한없는 해방감과 행복감에 젖어들었다.

사업을 시작한 이후 지금까지, 그리고 앞으로도 나의 목표는 한결같다. 바로 '좋은 기업'을 만드는 것이다. 흔히 '존경받는 기업', '지속가능한 기업'이라는 표현을 많이 쓰는데 오래전부터 내가 목표하는 '좋은 기업'의 의미와 크게 다르지 않을 것이라 생각한다. 업계의 모범이 되는 기업, 세계시장으로 나아가 당당히 경쟁하는 기업, 높은 브랜드 가치를 지닌 기업, 사회에 가치를 제공하는 기업, 소속 임직원들이 자랑스러워하는 기업, 인재들이 입사를 원하는 기업이 내가 목표로 하는 좋은 기업이다.

물론 기업은 수익을 내야 존재할 수 있다. 하지만 수익성만 추구하다보면 그림자가 생기기 마련이다. 나는 당장의 성과보다 장기적 안목으로 '좋은 기업'을 만드는 것이 수익성 제고의 본질적 해법이라고 생각한다. 좋은 회사를 만들면 돈은 저절로 따라오기 마련이다. 좋은 기업은 정도·윤리 경영과 사회적 책임, 친환경 등 기업을 둘러싼 다양하고 의미 있는 가치를 추구해 고객가치를 극대화시키지만, 수익에 매몰된 경영은 이러한 가치들을 뒤로 숨게 만들기 때문이다. 이렇게 앞뒤가 바뀌어서는 긴 호흡으로 사업을 영위할 수 없다. 나는 늘 입버릇처럼 임직원들에게 주문한다. '좋은 회사를 만들자'고.

변화와 혁신의 방향이 옳은가

처음에 '삼진종합전설'이었던 사명을 2006년 '삼진일렉스'로 변경할 때에도 '좋은 기업'과 '글로벌화'라는 꿈을 염원하는 나의 철학을 담았다.

삼진일렉스의 삼진은 나에 대한 진심, 회사에 대한 진심, 고객에 대한 진심 등 3가지三 진실됨眞을 뜻한다. 고용주는 고객과 직원, 자신에게 진실해야 하고, 직원은 자신과 회사, 고객에게 진실해야 한다는 의미를 담았다. 일렉스는 전기electric와 전문가expert, 그리고 서비스service의 합성어로 '전기 전문가집단의 서비스'라는 뜻이다. 단순한 수익보다도 효율과 가치를 추구하면서 '좋은 회사'를 만들자는 것이 우리 삼진의 모토이니만큼 차별화된 온리원ONLY-ONE의 브랜드 회사를 만들자는 목표를 담았다.

CI에도 이 같은 철학을 반영했다. 금적색 육각형은 다이아몬드와 같은 최고의 가치와 강한 기업성을 나타내고 중심의 흰색 삼각형의 세 축은 나에 대한 진심, 회사에 대한 진심, 고객에 대한 진심이라는 3가지 진심眞心을 담아 더 큰 미래로 나아가는 기업 이념을 상징화했다.

또한 삼진일렉스의 사시社是는 인재, 신용, 기술, 봉사를 강조하고 있다.

'인재人材를 아끼고 신용信用을 키우는 기업
기술技術을 축적하고 사회에 봉사奉仕하는 기업'

기업을 어떠한 방법과 목적으로 경영해야 하고, 경영활동을 통해 궁극적으로 무엇을 어떻게 행할 것이며, 기업의 성공으로 우리 사회에 어떤 가치를 창출할 것인가를 담고 있다.

7평짜리 자그마한 사무실에서 출발한 사업은 꾸준히 성장해왔다. 올해 1500억원의 매출을 목표로 순항하고 있다. 적어도 전기공사업계에서는 '삼진일렉스'를 모르는 이가 없을 정도는 됐다. 물론 사업을 시작할 때 꿈꾼 규모에는 미치지 못하지만 열악한 조건을 극복하기 위해 나름대로 최선의 노력을 다한 결과라고 자부한다.

문제는 미래다. 우선 기업을 둘러싼 경영환경이 급변하고 있다. 모든 산업 간의 경계가 허물어진 액체사회Liquid Society가 본격화되면서 산업구조 조정이 가속화되고 있다. 중국 등 개발도상국들은 무서운 속도로 추격해오고 선진국들은 더 빠르게 앞으로 달려가고 있다. 시선을 국내로 돌려보면 위기감이 더욱 심각하다. 요즘 우리나라의 각종 지표는 제조업, 수출 중심의 경제성장이 한계에 봉착한 것이 아닌가 하는 의구심을 들 정도다. 그동안 국내 경기에 지배를 받은 건설산업은 성장이 아니라 생존을 위해서라도 활로를 찾아야 하는 시점이다. 나는 이처럼 국내 사정이 여의치 않을 때는 기업의 성장을 위해 세계시장 진출이 필수라고 생각한다. 싼 공사비를 내세울 것이 아니라 그 어떤 기업보다 안전하고 품질이 월등한 시공기술과 효율적인 공정관리, 선진 경영기법을 무기로 해외시장을 공략해야 할 것이다.

예전에는 남보다 열심히 땀 흘려 일하면 어떻게든 대가를 얻을 수 있었다. 하지만 이제는 열심히 일하는 것만으로는 부족한 시대이다. 끊임없이 혁신하고 변화해야 살아남을 수 있다고들 한다. 그래서인지 나 역시 요즘 부쩍 긴장을 느낀다. 고려할 변수가 많아진 만큼 어떤 날은 정신적으로 무척 피곤하다. 나뿐만 아니라 삼진일렉스의 구성원들도 시대의 변화에 대처하기 위해 각종 시스템을 진화시키는 과정에서 피로를 느끼는 듯하다. 리더의 입장에서는 혁신의 발걸음이 늦어지면 답답할 때도 있지만 나는 그럴수록 수고하고 노력하는 만큼 성과가 생긴다는 점을 모두와 공유하려 노력하고 있다. 좋은 기업이 되면 세계의 변화를 이끄는 주도세력이 될 수 있다는 확신을 심어주고자 노력한다. 현재 우리 삼진일렉스가 추구하는 변화와 혁신의 방향이 옳다면 이 역시 충분히 성취 가능한 목표라고 믿는다.

협력할 수 있어야 인재다

"경영은 좋은 인재를 뽑아 적재적소에 배치한 후 끊임없는 동기부여로 더 높은 성과를 거두게 만드는 것이다."

경영이 무엇인가 하는 질문에 대한 답변 중 하나다. 동의한다. 일을 하는 주체도, 성과를 내는 주체도 결국은 사람이기 때문이다. 그러니 '사람이 곧 기업'이라고도 할 수 있을 것이다. 나 역시 기업의 성장을 위해서는 사람, 즉 인재가 대단히 중요한 요소라고 생각한다. 내가 생각하는 좋은 인재의 조건은 '도덕성'과 '전문성', 그리고 '협동 능력'이다.

여타의 기업도 마찬가지겠지만 삼진일렉스의 첫 번째 인재상은 '도덕성'과 '준법성'을 갖춘 사람이다. 우리 모두 직업인이기 이전에 인간이기 때문에 윤리적으로 올바른 판단을 할 수 있는 사람과 함께 일하는 것이 좋다. 도덕적으로 일하는 것은 현실적으로도 이익이다. 공사나 자재와 관계되는 언더머니나 포켓머니 등 검은돈을 배격하면 그만큼의 원가경쟁력이 생긴다. 부정한 돈이 오가지 않으니 업체 간 상생도 도모할 수 있다. 우리 조직에 대한 사회적 신뢰도가 올라가는 만큼 내부 구성원들의 자부심도 커지게 된다.

도덕성과 전문성은 기본

삼진일렉스는 투명하고 윤리적인 경영을 위해 노력하고 있기에 비리에 연루된 직원이 생기면 강도 높은 징계로 단호히 대처한다. 물론 예외의 경우도 있었다. 입사 8년 차인 한 직원이 비리를 저질렀을 때의 이야기다. 외부 제보를 통해 그의 비리 사실을 알게 된 나는 화가 나기도 하고 답답하기도 했다. 그렇지만 직원의 비리 역시 내 책임이었다. "내가 그를 잘못 이끌어서"라고 말할 수밖에 없지만 조직의 리더로서 반드시 원칙은 지켜야 했다. 8년 동안 나와 상급자들이 신입사원으로 출발한 그를 올바르게 이끌고 조직문화 속에 잘 젖어들게 했다면 이런 큰 실수를 저지르지 않았을 텐데…. 누구보다 먼저 자책감이 들었고 나의 잘못이 크다고 생각되어 함께 눈물을 닦으며 죄를 다그쳤다.

일벌백계一罰百戒, 읍참마속泣斬馬謖의 심정으로 그를 퇴사시킬 수밖에 없었다. 다만 벌을 주는 과정에서 한 가지는 고려했다. 그간 우리 회사를 위해 열심히 일해온 직원이었으므로 잘못을 뉘우칠 수 있는 기회를 주어야 한다고 생각했다. 유능한 기술인인 그가 잘못을 되풀이하지 않고 바른 사회인으로 열심히 살 수 있는 기회까지 빼앗을 필요는 없다고 생각했다. 그래서 해고 사유를 공식화하지 않은 상태로 그를 떠나보냈다. 현재 그 직원은 타사의 핵심임원으로 성장했다. 특히 올바른 처신으로 주위의 칭찬을 받고 있는 것으로 알고 있다.

두 번째 인재의 조건은 전문가로서의 능력이다. 전기공사는 시스템을 다루는 고급 전문지식이 필요하므로 전문성이 필수다. 전기는 눈에 보이지 않지만 거짓말을 하지 않는다. 원리와 공식에 맞는 전문적인 시공을 해야만 사용자들이 안전하고 편안하게 전기를 효율적으로 사용할 수 있다. 때문에 요즘 기술인력들은 융복합 시대에 걸맞은 안목과 선진 기술을 습득하고 있어야 한다.

2015년 현재 삼진일렉스에는 기능공으로 출발한 창업멤버 중 1명이 임원으로 근무하고 있다. 지금의 대한민국은 그저 열심히만 하면 무엇인가가 생기던 고도 성장시대인 과거와는 다른 상황이다. 과거에 비해 더 빠르게 변화하고 혁신해야 한다. 나만의 차별적 경쟁력을 갖추기 위해 노력해야 한다. 기업도 사회도, 개인도 마찬가지다. 창업 멤버인 그는 30년간 그렇게 일해왔다. 끊임없이 스스로를 성장시켜왔기에 지금도 기업의 임원으로서 당당히 근무할 수 있는 것이다.

사실 규모가 영세한 창업 초기 기업의 경우 구성원들에게 요구하는 능력은 그리 크지 않다. 창업자가 원톱 공격수로 나서고 조직원들은 창업자라는 스트라이커를 잘 보필하면 그뿐이다. 하지만 기업이 성장해 조직이 분화하면 기업이 임직원들에게 요구하는 역량 역시 다양해지고 깊어진다. 특히 기술이 발전하고 사회의 변화가 빨라지는 환경에서 성장한 기업이라면 구성원들에게 더 많은 것을 요구하게 된다.

컴퓨터를 사용하는 능력이 좋은 예다. 삼진일렉스가 문을 연 1984년 당시 컴퓨터는 그저 신기한 기계였다. 여전히 대부분의 기업에서 펜글씨나 타자기로 관련 문서를 작성할 때였다. 당시엔 컴퓨터를 다루지 못해도 업무 처리에 크게 무리가 없었다. 오히려 잘 다룰 수 있는 능력이 큰 플러스 요인이었다. 하지만 지금은 다르다. 각종 IT도구를 능숙하게 다루는 것은 기본 중 기본이다. 삼진일렉스만 보더라도 스마트폰 등을 이용해 실시간으로 기업의 각종 자원을 관리하고 일을 처리하고 있다.

신기술이 쏟아져 나오는 속도도 예전과는 비교할 수 없이 빠르다. 여기에 세계시장 진출을 위해 언어 등 다양한 역량을 갖춰야 한다. 때문에 관련 업무에 대한 전문성은 물론 끊임없는 자기계발로 자신을 업그레이드해야 기업 내에서 생존, 승진할 수 있는 세상이 됐다. 업무뿐만 아니라 스스로의 노력을 통해 성장하지 못하는 사람들은 오랜 시간 함께한 동지라 할지라도 기업이라는 버스에서 내려야 하는 상황에 내몰리게 된다.

이처럼 도덕성과 전문성을 갖춘 인재라 하더라도 마지막 한 가지, 즉 협력적이고 우호적으로 일하지 못할 것 같은 사람은 채용하지 않는다. 물론 기업에는 혼자서 1만 명을 먹여 살릴 만큼 능력이 출중한 핵심인재도 필요하다. 하지만 내게는 상대를 존중하고 협력할 수 있는 인재가 더 필요하다. 프로 스포츠 세계는 단 한 명의 슈퍼스타만으로는 1년 동안의 긴 시즌에서 승리할 수 없고, 막강한 조직력으로 뭉쳐야만 우승이 가능하다. 이와 마찬가지로 기업에는 조직원들과 '함께' 소통하면서 기업을 더욱 단단하게 성장시킬 수 있는 인재가 많아야 한다고 생각한다.

특히 산업 간 경계가 무너진 현 상황에서 경쟁우위를 확보하기 위해서는 어려운 과제에 대해서 다양한 전문지식과 의견을 모아 최적의 방법을 찾아내는 협력이 절실하다. 단순히 내부에서의 협력뿐만 아니라 외부 조직 등과도 협력해야 하기 때문에 협력할 수 있는 인재의 중요성은 더욱 커지고 있다.

협업 성과를 위한 리더의 역할

낭비의 요소를 없애 성과를 이끌어내는 협력의 활성화를 위해서는 리더의 역할도 중요하다. 나는 특히 솔선수범의 리더십을 중요하게 여기기에 협력적 리더로서의 모습을 보여주려 노력하고 있다. 협력의 중요성과 필요성을 지속적으로 강조하고 협력활동을 적극 지원하는 등 생산성을 높이기 위해 노력한다. 대표적인 예가 회의와 보고다.

기업의 의사결정은 회의와 보고로 이뤄진다고 해도 과언이 아니다. 한 개인에게는 1시간이지만 여러 사람이 참여할 경우 참석자 수만큼 시간이 소비된다. 때문에 회의와 보고에 소요되는 시간을 최소화하고, 중소·중견 기업의 장점인 빠른 의사결정을 강화하기 위해 중요한 확대회의 등도 가급적 1시간 이내로 끝내도록 하고 있다. 삼진일렉스는 이를 위해 타이머를 각 회의실에 비치해 생산적인 협업과 보고를 습관화할 수 있도록 돕고 있다.

개인이나 담당 부문의 목표보다 조직 전체의 공동 목표를 우선순위에 두는 것도 중요하다. 나의 경험상 공동의 목표를 제시한 후 이를 달성하기 위해 조직원 각자가 맡은 바 책임을 다할 경우 성공할 확률이

좋은 인재의 조건은 도덕성, 전문성, 그리고 협동능력이다.

높아진다는 것을 알게 됐다.

이나모리 가츠오 회장이 구원투수로 투입되어 부활에 성공한 일본항공JAL은 성공적 협업을 위한 리더의 역할이 얼마나 중요한지 재확인할 수 있는 사례이다. 일본항공이 2010년 2월 도산 후 2년 8개월 만인 2012년 10월에 기적적으로 증권시장에 재상장된 비결은 교육을 통해 부서 이기주의에 빠진 리더들의 의식을 철저히 개혁한 결과로 알려지고 있다. 이때 이나모리 가츠오 회장은 '고객에게 최고의 서비스를 제공한다'라는 공동목표를 제시하고 이를 위해 모든 부서가 협력하도록 권장했다.

협업과정에서 빼놓을 수 없는 것이 임원과 팀장 등 중간 관리자들의 리더십이다. 능력 있는 중간 관리자들의 독불장군식 리더십은 실적을 단숨에 올릴 수는 있었지만 조직을 번아웃burn out시키는 등 피로에 빠뜨리는 경우가 많았다. 구성원들은 자신의 의사를 밝히는 것을 두려워하게 되고 소통의 방향도 일방통행으로 한정됐다. 의사결정 과정에서도 병목현상이 발생해 협업을 통한 시너지가 발생하지 않았다. 조직의 건강한 협업문화를 추구한다면 이런 임원은 교육을 통해 변화시키든지 교체하는 수밖에 없었다. '과연 누가 그의 일을 대신할 수 있을까?' 하는 성과에 대한 염려는 소통과 협업에 능한 새로운 사람이 그 자리를 대신할 경우 빠르게 불식되었다. 보다 미래지향적인 내부 분위기를 구축하면서 성과도 빠르게 정상화되었다.

아울러 협력을 활성화시키기 위해서는 리더 스스로 책임지는 자세를 지녀야 한다고 생각한다. 내부 협력 프로젝트가 매번 성공적 결과만 내는 것은 아니다. 문제가 생겼을 때 책임을 전가하는 등 조직 내에 부정적 기류가 생기는 현상을 방지하려면 평소 리더가 책임지는 모습을 보여 임직원 스스로 그런 언행을 금해야 함을 인식시켜주어야 한다.

협력은 결국 성과를 내기 위한 방법이다. 협동할 수 있고 상대방과 함께 성장하는 가치를 소중히 여기는 인재들이야말로 삼진일렉스가 지닐 미래이며 소중한 자산이다.

살아도 그릇 살면 죽음만 같지 않다

"김 회장, 내가 ○○○에 있을 때 한 번도 청탁 안 했지요?"

"마음만으로도 감사하게 생각합니다. 도움을 받은 것이나 진배없습니다."

이명박 정부 시절 막강한 직책을 맡고 계신 분께서 내게 불쑥 던진 말이다. 그분은 오랫동안 인연을 맺어왔기에 내게 뭔가 도움을 주고 싶었는데 도무지 부탁을 하지 않으니 도울 수 없었다는 것이다. 나는 감사하는 마음으로 웃으며 대답했다.

사업을 하면서 많은 사람을 만나다보니 이른바 '힘 있는 자리'에 오른 분들과도 인연을 맺고 있지만 그들에게 청탁을 하지 않는 이유는 간단하다. '좋은 회사'를 만들기 위해서는 반드시 정도·윤리 경영을 해야 한다는 것이 신조이기 때문이다.

2003년 삼진일렉스가 전기업계 최초로 '윤리 경영'을 선포한 것도 이러한 나의 신념이 반영된 결과였다. 대기업도 아닌 삼진일렉스가 윤리 경영을 대외적으로 선포한 것은 투명 경영과 정도 경영을 실현하기 위해서였다. 경영 환경의 변화와 기업을 향한 시대적 요구에 적극적으로 대응하면서 다양한 가치와 행복을 창출하는 기업이 되기 위해서는 우리의 사고와 행동의 가치를 높여야만 했다. 그래서 윤리 경영을 선포했다.

당시나 지금이나 윤리 경영은 기업이 법률적 책임을 준수하는 것은 물론 사회적 통념으로 요구되는 윤리적 기준을 기업의 의사결정과 행동에 적극적으로 반영해야 달성되는 가치다. 건전한 기업시민의 역할 중 하나인 자선적 책임을 수행하는 것도 넓은 의미로 윤리 경영이라 할 수 있을 것이다. 특히 우리가 윤리 경영을 선포하던 당시는 세계화가 빠르게 진행되면서 윤리 경영이 기업이라면 당연히 추구해야 할 주요 과제로 부각되던 시기였다. 해외진출을 강화하고 있던 시기에 윤리 경영은 일종의 화두話頭였다.

업계 최초, 업계 전체를 생각하다

나는 우리 업계에 정도 경영을 도입했다는 자부심을 갖고 있으며 스스로 회사를 경영함에 있어서도 정도正道 경영을 중요하게 생각하고 있다. 사업을 영위하면서 관련 법을 잘 지키는 것은 기본이다. 좋은 기업, 존경받는 기업으로 평가받기 위해서는 윤리적으로 지탄받을 행동을 해서는 곤란하다. 더불어 나는 정경유착이라는 말을 극도로 혐오한다. 내 자신이 공직자 출신이라 그런지 몰라도 그 같은 음성적인 기업

문화는 최대한 빨리 퇴출되어야 할, 그야말로 '적폐'라고 생각한다. 내가 기업 내 감사 업무의 역할을 강조하는 것도 정도 경영의 기본 질서를 충실히 구축하기 위해서다. 감사는 직원들의 업무에 대한 예방·지도·감독의 기능을 넘어서서 건강한 기업정신을 구축하는 향도嚮導의 역할을 해야 한다고 믿는다.

나는 이러한 정도 경영을 전기공사업계 전체에 확산시키기 위해서도 노력했다. 2005년 11월 4일. 한국전기공사협회 이사로 재직하던 나는 정도 경영의 중요성을 알리고 그 본질적 가치를 확산시키기 위한 '정도경영선포식'을 주도했다. 여기에는 전기공사업계의 존경받는 지도자이신 주창현 회장님의 강력한 의지가 있었다. 당시 정도경영선포추진 실무위원장을 맡은 나는 1만여 전기공사업 기업인이 21세기 지식정보화 사회에 부합하는 새로운 비전과 기업의 사회적 책임을 다하겠다는 '정도경영헌장'을 선포했다. 협회의 '정도경영실천운동'은 과거의 낡은 의식과 관행에서 벗어나 건전한 기업, 윤리 경영을 널리 전파하고 자발적으로 정도 경영을 실천해 청렴하고 투명한 전기공사업계를 이룩하겠다는 의지를 대내외에 널리 선포하기 위해 전개한 것이었다. 이는 협회 설립 목적에 부합하는 선언이기도 했다. 선포의 취지를 업계에 지속적으로 알리고 확산운동을 전개해나갔다면 지금쯤 우리 업계의 시장 상황과 위상은 더욱 좋아졌을 것임을 확신하기에 다소 아쉬움이 남는다.

당시 협회의 정도경영선포식을 준비하면서 업계 한 일간지에 기고한 '정도 경영으로 어려움을 극복하자'는 칼럼의 일부를 소개한다.

"최근 건설업 동향은 IMF 금융위기의 영향으로 인한 90년대 말을 제외하고는 70년대 이후 처음으로 성장이 정체되고 있다. 올 상반기의 전년 동기 대비 7.4% 증가가 하반기에는 마이너스 4.8%로 감소할 것으로 예측된다고 한다. 이렇게 어려운 주위 환경에서도 업체 간의 수주경쟁은 보다 공정하고 선의의 경쟁이 되어야 할 것이나 날이 갈수록 공사현장의 원가도 보존하기 어려운 치열한 저가 수주가 심화되고 있다. 이는 업계 모두가 힘든 경영의 한계 상황으로 연결되고 있어 미래에 대한 불안이 과중되고 있다.

정부와 지자체, 투자기관은 예산효율화를 위해 입찰 제도를 기술보다 가격 중심으로 지속적으로 변화시키고 있고, 종합건설업은 전문건설업체와의 상생을 표방하지만 원가관리 및 수익 중심 경영을 원칙으로 하고 있어 업계의 과열 수주경쟁은 더욱 심화될 것으로 예상된다.

이러한 어려운 상황을 현명하게 극복하고 업계가 상생할 수 있는 방법은 모두가 더욱 투명하고 공정한 정도 경영의 틀에서 현대사회가 요구하는 고객 중심 경영을 지향해야 할 것이다.

OECD 회원국가 간의 뇌물방지 협약, UN에서의 반부패협약의 체결 등 세계적인 흐름과 2002년 부패방지위원회를 중심으로 한 사회시민단체 등 대정부 차원의 투명사회협약은 건설업계까지 확산 진행되고 있다. 또한 2002년 7월 1일부터 시행되고 있는 소비자의 피해 구제와 제품의 품질 향상으로 권익을 강화하기 위한 PL법 등은 그간의 물량 확보에서 고품질에 의한 고객 중심 경영으로 수주전략이 전환돼야 함을 말해주고 있다.

종합건설업의 전문 건설 협력사에 대한 기본적인 관리 관행도 건설업의 발전을 위해서 꼭 바뀌어야 할 중대한 사안이다. 원칙은 상생 경영이라 하면서도 실질적인 관리는 공사원가 중심의 저가경쟁 하도급을 원칙으로 하고 있다. 체계적인 관리로 품질 및 안전관리, 기술개발 등의 향상을 위한 배려는 없는 것이 현실이다.

이것은 사업 시행에서부터 시공까지를 모두 독점하고 있는 건설업의 세계화되지 못한 법과 제도의 문제이며 사업관리와 시공을 분리하지 않는 한 앞으로도 개선될 희망은 없다.

이와 같은 종합건설업의 협력사에 대한 공사원가 줄이기의 경영 틀에서도 고객을 생각하고 품질과 안전을 우선하며 공사원가가 보존될 수 있도록 과도한 경쟁만은 꼭 피해야 할 것이다.

시간이 흐를수록 심화되고 있는 출혈경쟁의 악순환의 고리를 정도 경영의 틀에서 끊어내야 할 것이다. 정부 조달에서부터 종합건설업의 하도급까지, 이제는 세상이 바뀔 정도로 투명해졌고 앞으로도 더욱더 깨끗하고 투명해질 것이다. 잘못된 제도와 사회시스템의 틀을 바라보고만 있어서는 업계의 미래가 없다.

건설업 개방, 실적공사비 적용 및 탄력적인 발주기관의 원가관리와 시민단체 등의 관심은 업계의 현실과 미래를 개선하고 준비하도록 그 어느 때보다 강력히 요구하고 있다.

외부에서 변화의 요구가 오기 전에 업계 스스로 변화에 적응하고 원칙을 우선하는 경영의 자세가 절실히 요구되고 있다. 여기에 업계 모두가 동참해 새로운 도약을 위한 틀을 만들고 핵심 국가 기간산업의 책무를 다할 수 있도록 정도 경영 운동의 전개가 절실히 요구되는 시점이다."

정도 경영은 '위대한 기업'의 첩경

미국의 유명한 연설가 하르세 월슨이 어린 시절 친구 두 명과 함께 누가 철로 위에서 떨어지지 않고 멀리 가는지 시합을 하기로 했다. 하르세는 뚱뚱한 자크와 마른 필립을 보며 '자크는 뚱뚱하니까 분명 몇 발걸음도 못 가서 떨어지고 말 거야. 분명 필립이 이길 거야'라고 생각했다. 그러나 결과는 예상 밖이었다. 뚱뚱한 자크만이 흔들리지 않고 계속 철로 위를 걸었다. 놀란 하르세는 자크에게 달려가 어떻게 된 일이냐고 물었다.

자크가 대답했다.

"너희들이 발밑만 보고 걸을 때 나는 그저 먼 곳을 바라보며 걸었을 뿐이야."

자크는 철로 위의 먼 지점을 목표로 잡고 목표점만을 향해 걸었다. 그리고 그 목표에 다다르면 더 먼 곳을 새로운 목표를 정하면서 걸었다고 했다.

기업도 마찬가지라고 생각한다. 나는 내 신념이 흔들리지 않고 나아가기 위해서는 추구해야 할 미래상을 정립해야 한다고 생각했다.

업계에 정도 경영의 바람을 몰고 왔다는 자부심이 큰 나지만 그만큼 업계에서 바라보는 눈도 많아졌다는 점을 알고 있다. 실제로 기업 내외에서 내 언행에 대한 책임감이 더욱 커졌다. 정도 경영은 말처럼 거창한 것이 아니라 소소한 일상에서부터 시작한다. 나는 업무를 위한 자리 외에 친목을 위해 주중에 골프장에 가지 않으며 지금까지 단 한 번도 해외 골프여행을 가지 않았다. 기업의 리더가 쓸데없이 돈과 시간을 낭비하는 모습을 보인다면 회사 임직원들이 무엇을 보고 배우겠는가.

해외법인을 방문할 때도 흥청망청하는 유흥업소에는 절대 가지 않는다. 현지에서 고생하고 있는 직원들의 사기를 높이기 위해 반드시 유흥업소에 가야 한다고 생각하지도 않고, 정도 경영을 부르짖는 기업의 리더가 그런 곳을 출입하는 모습을 보여서도 안 된다고 생각하기 때문이다.

국내외의 수많은 현장에 방문할 때에는 격려금이 필요할 경우가 많다. 액수는 크지 않지만 회식이나 가족들과 외식할 때에 부족하지 않은 수준이어야 한다. 이때에도 나는 회사의 자금 대신 내 개인의 돈으로 지급한다. 반드시 신경 써야 할 고객사 주요 인사의 경조사가 있을 때도 회사의 자금 대신 내 개인의 돈을 쓰고 있다. 기업의 접대비로 인정받는 한도가 있기 때문이기도 하지만 임직원 모두가 애써 거둔 경영성과이니 대주주로서 받은 배당금을 이들을 위해 쓰는 것이 당연하다고 생각한다. 로비 등으로 인해 불투명하다는 평이 많은 건설업을 하고 있지만 신뢰를 구축하는 데 많은 시간이 소요되더라도 진정성을 바탕으로 마케팅 활동을 진행해왔다.

개인을 떠나 기업의 측면에서 보면 ISO 등 각종 인증을 받을 때 일회성 인증에 그치는 것이 아니라 경영의 도구tool로 정착시키기 위해 노력하고 있다. 전 세계에서 인정받은 글로벌 스탠더드를 기업 경영의 실질적 도구로 활용하게 됨으로써 임직원들의 의식 수준은 물론 자부심이 높아지는 효과도 있었다.

일괄 하도급을 주지 않는 것도 준법과 정도 경영의 일환으로 생각한다. 삼진일렉스가 일괄 하도급을 주지 않는 것은 언제나 고품질 시공이 가능한 고급 기술인력을 자체 보유하고 있다는 자부심인 동시에 안전이라는 소중한 가치를 지키기 위한 최소한의 노력이다.

정도 경영에 충실한 건강한 기업이라면 돈이 잘 벌릴 것으로 예상된다고 해서 중소영세업자들이 뿌리내린 영역에 진출한다든지, 문어발식으로 핵심역량과 상관없는 부동산 투기나 골목상권에 진출하는 등의 사업영역을 확대해서는 안 된다고 생각한다. 30여 년 동안 실무자들의 많은 건의에도 불구하고 지금껏 한국전력의 발주공사인 전기공사 단가입찰을 준비한 적이 없다. 또한 소규모 관급공사에도 입찰을 해 본 적이 없다. 그 이유는 이것이 상도商道를 지키는 일임과 동시에 동업계의 영세한 업체들을 동반자로 여기는 일이기 때문이다.

이처럼 정도 경영은 기업을 기업답게 정도로 경영하겠다는 의지이기도 하지만 구성원들 역시 품질, 안전관리 등 기업 활동에서 기본에 충실함으로써 경쟁력과 생산성을 향상시키고 고객으로부터는 신뢰를 확보할 수 있는 경영의 기본이라고 생각한다.

내가 좋아하는 말 중에 이준 열사가 남긴 말이 있다.

"살아도 그릇 살면 죽음만 같지 않고 잘 죽으면 오히려 영생한다."

기업 역시 정도 경영을 한다면 사회에 기여할 수 있겠지만 그 반대의 경우라면 해악을 끼칠 뿐이다. 거대한 기업뿐만 아니라 모든 경영인이 정도 경영의 신념을 잘 실천한다면 국가경쟁력의 강화는 물론 보이지 않는 사회적 자본인 '신뢰' 역시 축적할 수 있을 것이라 확신한다.

사람이 다치는 사업은 안 돼!

"사장님 큰일 났습니다. 사람이…."
다급한 목소리가 수화기를 타고 전해졌다. 가슴이 철렁 내려앉았다.
'우리 사업장에서 사람이 죽다니!'
새마을운동중앙본부 공사현장에서 인사사고가 발생했다는 연락을 받았을 때 나는 패닉상태에 빠졌다. 평소 "사람이 죽는 사업은 아무런 가치도 없다"는 말을 입버릇처럼 해온 나에게는 큰 충격이었다. 사람들을 이롭게 하려 사업을 하는 것인데 사람을 다치게 하거나 목숨을 위태롭게 하면서까지 사업을 할 필요는 없다고 생각해왔기 때문이다.

가슴이 무너지고 정신도 없었지만 회사를 책임지고 있는 입장이니 고인의 빈소를 찾아야 했다. 겨우 정신을 수습하고 급히 빈소로 달려가는 중에 사고 원인에 대한 보고를 받았다. 전원스위치를 내린 후 작업을 시작해야 했는데 이미 전원을 내린 것으로 짐작하고 작업을 진행하다가 사고가 난 것이었다. 좀 귀찮고 시간이 걸리더라도 전원스위치를 확인했더라면 일어나지 않을 사고였다. 한 가정의 가장이자 유능한 기술인이 단 한 번의 실수로 고귀한 목숨을 잃었다니 허망하기 이를 데 없었다.

빈소에 도착해 우리 일을 하다 세상을 뜬 망자와 유족에게 죄송한 마음으로 무릎을 꿇고 머리를 조아렸다. 유족 중 한 사람이 막무가내로 나와 많은 사람 앞에서 봉변을 당했지만 고스란히 감수했다. 불시에 가족을 잃은 그 심정을 너무나 잘 알고 있었기 때문이다. 최대한의 성의와 진정 어린 마음으로 사고를 수습했다. 그리고 지금도 순국선열을 위해 묵념을 할 때마다 우리 사업장에서 일하다가 세상을 떠나신 고인을 떠올리며 영면을 기원하고 있다.

품질도 중요하지만 '안전'이 최우선

'건설업은 기본이 안전이고 바탕이 신뢰이다.'

업계의 바탕이 되는 신뢰와 함께 항상 '안전'을 강조해왔음에도 당시의 인사사고는 기업을 대표하는 내게 큰 아픔이었다. 당장 현장 근로자들의 안전을 위해 해외 선진기업들은 어떻게 안전을 강화하고 있는지 살폈다. 그중 듀폰DuPont사의 안전기준이 인상적이었다. 듀폰의 안전기준은 단순한 규정 이상의 의미를 지니고 있었다. 회사 설립 초기인 1811년까지 거슬러 올라가는 'Life Saving Rule'이라는 이름의 안전규정에는 '불가침inviolable'이라는 수식어가 붙어 있었다. 안전규정을 어길 경우 해고로 이어질 정도로 강력하게 실행하고 있었다. 안전규정을 지키는 것이 고용의 조건처럼 느껴질 정도였다. 특히 안전규정을 지켜야 하는 이유와 내용을 분명히 공지하고 있고, 시대와 기술, 환경과 상황에 따라 규정을 수정한다는 점이 인상적이었다. 규정을 수시로 검증할 수 있고, 내용을 정확하게 공지해 직원들 모두 이를 따르도록 하고 있었다.

나는 안전에 대한 근로자들의 경각심을 고취시키고 습관화할 수 있도록 그동안 해오던 5S운동에 1S를 더해서 6S운동을 펼치기 시작했다. 정리SEIRI, 정돈SEITON, 청소SEISOH, 청결SEIKETSU, 습관화SHITSUKE에 안전SAFETY을 더한 것이다. 모든 회의에서 안전을 먼저 다룬 후 당일 이슈를 다루도록 했다.

제도를 만든 후에는 그 제도가 직원들의 행동에 자연스럽게 배어들도록 유도해야 했다. 나는 가장 좋은 방법은 교육이라 생각했다. 기업이 아무리 준비를 해도 근로자 스스로가 안전규정을 지켜야 한다고 생각해야 불의의 사고를 예방할 수 있기 때문이다. 그래서 나는 안전교육을 지속적으로 강화하고 있다. 현장의 리더나 감독을 대상으로 지속적이고 상시적인 교육을 진행한다. 내 경험상 작업 지시를 잘못해서 사고를 유발하는 경우가 적지 않았다. 공정마다 위험요소를 미리 제거하고 일을 해야 하기 때문에 관련 내용을 근로자들에게 공지하고 서로 공유하도록 한다. 근로자들이 안전규정을 잘 지킬 수 있도록 수시교육, 집체교육, 순회교육 등을 실시한다. 시간이 부족해 직접 교육에 참석하지 못하는 근로자들이 IT기기를 활용해 보고와 교육이 가능하도록 관련 시스템도 구축했다.

전기공사의 특성상 잠시잠깐의 부주의가 큰 사고로 이어질 수 있기 때문에 만에 하나 사고가 났을 경우를 대비해 대응 매뉴얼도 구체화했다. 아무리 사소한 안전사고라 할지라도 즉시 보고하고 이 내용을 모바일을 통해 관련 임직원 모두가 공유할 수 있도록 시스템을 구축했다.

사고가 났을 때는 우선 환자에게 필요한 조치를 취하고 보고하는 '선조치 후보고'를 원칙으로 삼아 철저히 시행토록 했다. 관련 기관이나 이해관계자, 발주처에도 바로 보고하도록 했다. 최근 몇몇 기업에서 사고를 당한 현장근로자를 회사 지정병원으로 보내기 위해 시간을 끌다가 화를 키우는 경우가 있었는데, 나는 이런 식의 사고대응은 절대 있어서는 안 될, 기업인으로서는 절대 금해야 할 처사라고 생각한다. 사고가 중대하다고 판단될 경우 회사의 책임자인 내가 직접 현장으로 달려가 진두지휘하며 사고를 수습할 수 있도록 관련 매뉴얼도 정리했다.

사고자에게 필요한 조치를 취한 이후에는 자체적으로 현장조사를 실시한다. 왜 사고가 발생했는지를 살펴 비슷한 사고가 재발하지 않도록 하기 위함이다. 또한 조사 보고서의 내용을 수시로 검토하고 현장에 전달해 동일한 유형의 사고가 재발하지 않도록 노력하고 있다.

형식적인 교육이 아니라 질 높은 안전교육이나 관련 장비 구매를 위해서는 즉각적인 자금 집행도 중요하다. 비용을 들이지 않고 안전을 행한다는 것은 허울 좋은 구호일 뿐이다. 안전에는 당연히 비용이 발생한다. 직원의 안전 확보를 위해 필요한 각종 비용은 액수나 예산 편성과 상관없이 무조건 최우선으로 집행하도록 했다. 특히 2014년 1월 1일부터는 '우리 기업 최고의 가치는 안전'이라 선언하고 안전담당 임원을 두어 안전사고 0%를 위해 노력하고 있다.

나는 늘 생각한다. '사람이 다치고 죽는 사업은 접어야 한다'고. 'CEO는 근로자의 안전과 환경에 대하여 계획을 수립하고 실행해야 할 의무와 책임이 있음'을 한시도 잊어본 적이 없다.

넘치는 열정, 더 꼼꼼하게 챙기자

그동안 동남아시아에서 진행한 여러 건의 대형공사에서는 사소한 안전사고도 나지 않았다. 국내에서 하는 안전 프로그램을 동일하게 적용했음에도 해외에서는 단 한 건의 사고도 없었다. 그렇다면 왜 국내 현장에서는 사고를 완전히 근절할 수 없을까? 내 판단으로는 우리나라 사람들의 넘치는 열정과 의욕 때문인 것 같다.

현장에서 보니 동남아시아 근로자들은 시키는 일만 하고 그 일을 마치면 한쪽에 모여 쉬는 사람들이 대부분이었다. 마치 명령어를 입력하기 전에는 아무런 움직임도 보여주지 않는 컴퓨터 같았다. 주체적으로 일을 찾아서 하는 열의가 없었다. 하지만 우리나라 기술자들은 다르다. '빨리빨리' 문화가 몸에 배어 있어서 그런지 자신에게 주어진 일을 빨리 끝내고 시키지 않은 일도 스스로 찾아서 한다. 공사기간을 단축하려 노력하는 열정이 눈에 보일 정도다. 이처럼 의욕적으로 일하다보니 안전과 관련한 점검사항을 빠뜨리는 실수를 하게 돼 사고가 나는 것 같다. 대표적인 사례는 일하는 데 거추장스럽고 시간을 잡아먹는다는 이유로 모든 안전장비를 완벽하게 착용하지 않는 것이다.

넘치는 열정과 의욕을 막을 수는 없다. 막아서도 안 된다고 생각한다. 다만 아무리 사소한 것이라도 확인하지 않은 것은 없는지 꼼꼼하게 챙기려 노력한다면 그 장점이 극대화될 수 있을 것이다.

나는 삼진일렉스의 비전인 '인재를 양성하고 신용을 키우는 기업, 기술을 축적하고 사회에 봉사하는 기업'을 달성하기 위한 기초 조건이 바로 안전이라고 생각한다. 수익을 포기하더라도 안전을 챙겨야 한다는 것이 나의 신념이다. 그래서 현장에 갈 때마다 안전을 최우선으로 강조한다. 그리고 이렇게 말한다.

"공사의 품질도 중요하지만 여러분의 안전이 더욱 중요합니다. 여러분의 몸과 생명보다 소중한 것은 없습니다."

상생 경영으로 파이 키워야

극소수이지만 아직도 일부 대기업들은 우월적 지위를 이용해 하도급 대금의 일방적인 부당 감액 및 지급 지연, 설계 변경으로 인한 추가공사비 떠넘기기 등의 구태에서 벗어나지 못하고 있다. 때문인지 하도급을 둘러싼 분쟁이 끊이지 않고 있으며, 일반건설업체의 부도 파산 등으로 전문공사업자는 연쇄도산 및 자금난에 봉착하는 사례가 속출하고 있다. 전문공사업체들 스스로 단계마다 데이터를 잘 만들고 정산하는 등 꼼꼼히 소통하고 준비하지 않으면 관련 준공정산과 대금결제를 외면당하는 경우도 많다. 종합건설업체의 이 같은 결제방식은 전문건설업체의 성장을 저해하는 큰 이유이며 상생하는 산업생태계를 조성하는 데 커다란 저해 요소이기도 하다.

물론 해외 대형 프로젝트를 통해 글로벌 경쟁력이 부족한 중소기업체에 세계시장으로 동반 진출시키는 등의 상생 지원 프로그램을 적극 추진 중인 일부 대기업에게는 감사할 일이다. 국가경제에서 이들이 차지하는 엄청난 비중도 인정한다. 하지만 하도급업체에 공사대금을 정확히 정산하고 결제하는 것 역시 대기업의 사회적 책임 중 하나일 것이다.

언론매체에 등장하는 거대 기업의 총수들은 협력업체의 지원과 상생을 강조하지만 현장과의 온도차는 여전히 존재한다. 대기업이 발주한 프로젝트를 수행할 경우 대기업은 목표 수익 달성만을 추구할 뿐 하청업체들의 어려움에는 모르쇠로 일관하는 경우가 대부분이다. 하청업체들의 아우성에 "우리부터 살아야 하는 것 아니냐"라고 당당히 말하는 대기업 직원도 여전히 많다. 상생을 강조하는 대기업 오너들의 언행과 달리 현장에서는 자사의 이윤 추구만 횡행할 뿐이라는 이야기다. 부서나 단위별로 목표수익을 달성해야만 조직에서 살아남을 수 있는 대기업의 인사제도와 구매제도 등을 손보지 않으면 이런 구조적 모순은 계속될 것으로 보인다.

사실 대기업의 실적 우선주의 경영은 상생을 저해할 때가 많다. 내가 대기업 오너라면 인사평가 기준으로 업무성과와 실적 등의 내부적인 성과와 협력사와의 상생협력의 성과를 고려해 인사에 참고할 것이다. 이 같은 사고의 변화나 구조적 틀의 변화가 없다면 대기업과 중소·중견 기업 간 상생협력 관계 구축은 실현 불가능한 이데아Idea나 듣기 좋은 구호에 불과할 것이다.

과당경쟁의 함정에서 벗어나자!

그동안 전기공사업을 포함한 전력사업은 국가의 기간산업으로, 경제성장의 발판으로 크나큰 역할을 해왔다. 지금 우리가 전기를 공기와 같이 언제 어디서나 불편함 없이 사용할 수 있게 된 것은 선배 전기인들을 포함한 모든 전기인의 각고의 노력과 땀이 있었기 때문일 것이다. 나 또한 전기인의 한 사람으로 경제성장의 일꾼이라는 자부심으로 지금까지 공사업을 경영하고 있으며 첨단화, 대형화되는 전기설비의 수요에 맞추어 고품질의 전기설비를 완성하는 데 최선의 노력을 기울이고 있다. 하지만 우리 전기계의 경영환경을 냉철히 진단해본다면 미래에 대해 결코 낙관할 수 없다. 특히 경영환경 측면으로 보자면 10년 전과 크게 달라지지 않았다는 점이 문제다.

2005년 하반기, 업계 일간지에 매월 1회 업계의 현실을 진단하고 그 극복을 위한 칼럼을 기고했었는데 당시 내가 쓴 칼럼 내용은 이렇다.

"민간 부문, 특히 하도급 전기공사 부문에 대한 수주경쟁이 품질을 보장할 수 없는 극심한 저가경쟁으로 치닫고 있음은 매우 우려되는 상황이다.

품질은 국가 경쟁력의 핵심요소라고 한다. 국가 전력산업의 품질을 담당하며 안정성과 고품질을 추구하는 한국전력의 끊임없는 노력도 중요하지만, 공급된 전기를 안정적이고 편리하며, 고효율적으로 사용할 수 있도록 시공해야 할 건설에 대한 품질이야말로 국가의 중요한 경쟁력일 것이다.

건설과 관련된 대형사고의 원인을 분석해보면 건설의 중요한 4대 요소인 품질, 안전, 적정한 공사비용과 공사기간 중에서 대부분이 품질관리에서 문제가 되고 있었음을 알 수 있다. 최근에 와서 정부에서도 품질관리에 모든 역점을 두고 있다. 시공단계의 전 과정을 통해 품질시험, 검사 및 예방

비용으로 시공회사 본사 및 현장에서 지출되는 총비용을 보장하도록 품질관리비의 증액 책정 등 정책적, 제도적 노력을 하고 있다. 그러나 원자재와 노무비 수준에도 미치지 못하는 저가수주가 지속되고 있는 전기전문시공업체가 처한 현실을 고려했을 때 발주자가 요구하는 품질과 일치하는 완성품을 생산하기 위한 품질관리비 사용은 상상도 할 수 없는 먼 나라의 이야기다.

이 같은 저가수주는 곧 적자로 이어져 부실 경영의 악순환을 가져오고, 전기공사업계 전체의 부실을 초래할 것이다. 때문에 저가수주 경쟁에 앞서 전기시공 전문경영인으로서 꼭 생각해보아야 할 몇 가지를 짚어보고자 한다.

첫째, 국가 에너지 시설 산업인에 대한 중대한 책무와 소비자에 대한 책임을 다할 수 있으며 모든 가능한 위험요소를 감안할 때 수익이 보장되는가.

둘째, 품질 경영을 공식적으로 표명하고 수립한 품질목표 및 경영 검토의 틀에 부합하는 공사원가인가.

셋째, 상황이 합리적 분석의 범위를 벗어났음에도 불구하고 이전의 행동방침을 고집하려 하거나 불합리한 상승작용의 오류를 재현하지 않는 냉철한 상황 판단을 하고 있는가.

위와 같은 모든 검토가 완벽했다고 해도 수주물량의 부족 및 경영활동의 여건상 어쩔 수 없는 출혈경쟁은 있을 수 있겠으나, 최소한 소비자에 대한 품질만은 보장할 수 있는 조건이어야 할 것이다."

매우 안타까운 일이지만 칼럼을 쓴 시점으로부터 10년이 지난 지금에도 이러한 문제의식은 현재진행형이다. 시공원가의 보존이 고품질

시공을 할 수 있는 기초임에도 턱없이 적은 공사대금 안에서 모든 것을 완성하라고 요구하는 관행은 여전하다. 공사업의 선진화와 기술개발은 고사하고 소규모 기업의 경우 사업의 유지도 힘든 상황에까지 이르렀다. 특히, 건설업계는 건설업의 선진화와 전문화, 그리고 중소기업의 발전은 뒤로한 채 분리발주 폐지의 목소리만 높이고, 사업영역 넓히기에만 몰두하고 있다. 따라서 대내외적으로 우리 업계는 그 어느 때보다 심각한 상황이며 자칫 전기공사업이라는 산업 자체가 붕괴될지도 모른다는 우려의 목소리까지 나오고 있다. 이를 바라보는 정부 역시 적절한 대안을 만들어내지 못하고 있어 상황은 점점 악화되고 있다. 때문에 나는 업계 스스로의 노력이 더욱 절실하다고 생각한다.

이제는 업계 종사자 스스로 공사의 품질이나 수익성을 고려하지 않은 저가수주를 멀리해야 한다. 저가수주의 악순환으로 인해 공사업체 스스로 내수시장의 파이를 줄이는 출혈경쟁을 하기보다는 경쟁자와 더불어 살며 시장을 보존하고 키우려 노력해야 할 것이다.

대접받거나 주홍글씨를 달거나

아무리 시스템화된 현장관리와 공정관리, 고급 기술인력과 시공기술이 있다 해도 원가 보존 없이는 고품질 시공이 불가능하다는 것을 업계 종사자라면 누구나 알고 있다. 한정된 공사물량을 수주하려는 과정에서 빚어지는 과도한 출혈경쟁은 품질 저하와 직결될 수밖에 없다. 대기업의 인식 변화와 함께 전기계 각 주체들 역시 저가수주 대신 고품질

시공을 위해 노력해야 한다고 생각한다.

　나는 이 같은 스스로의 노력은 상생의 산업생태계를 만들기 위한 것이기도 하지만 전기인들의 지위 향상과도 밀접하게 연관돼 있다고 생각한다. 공사품질을 확보할 수 없는 저가수주와 출혈경쟁에 매몰된다면 '국가 기간산업을 담당하는 전문가'라는 사회적 존경이나 위상을 확립하기는커녕 공사품질 저하의 주범이라는 오명을 뒤집어쓰게 될 뿐이다.

내 인생의 마지막 사명

나는 인생의 대부분을 전기인으로 살아왔다. 한양공고 전기과를 졸업한 이후 공무원으로, 그리고 사업가로 그야말로 반백 년 동안을 전기인으로 살아왔다. 잠시 대학생과 직장인으로도 생활했지만 그 역시 전기공사와 직접적으로 연관을 맺고 살아왔으니 일생을 전기인으로 살아왔다 해도 과언은 아닐 것이다.

사업을 시작한 후에는 그야말로 오로지 열정과 노력만으로 사업을 성장시켜왔다. 자금 부족이라는 한계를 극복하고자, 무에서 유를 창조한다는 마음으로 앞만 보고 쉼 없이 달려왔다. 이러한 노력 덕분인지 많은 사람의 신뢰를 얻었고, 그 결과 나름대로 의미 있는 성과도 이뤄냈다고 자부한다. 물론 전기공사공제조합이나 전기공사협회의 임원으로서 정도경영선포식 추진실무위원장, 범전기계발전특별위원장, 노임품셈추진위원장, 전기공사공제조합 이사직을 역임하는 등 업계 발전을 위한 나름의 노력도 지속했다. 또한 전기공사의 분리 발주가 폐지될 위기에서는 정책적 결정을 하는 데 소리 없는 중심 역할을 해내기도 했다.

이제 이러한 열정이 내 사업과 조직의 성장을 위한 것을 떠나 온전히 업계 전체의 발전을 위한 작은 밀알로 쓰이길 소망한다. 특히 사업의 성장을 위해 고군분투하고 있는 업계의 수많은 기업들에게 디딤돌이 되기를 원한다. 이제 전기공사업계를 대표하는 조직에서, 업계의 발전을 위해 앞장서 봉사할 기회가 주어진다면 이것이 전기인으로서의 마지막 사회적 책임이라 생각하고, 업계 발전을 위한 내 인생의 마지막 열정을 불태우고자 한다.

전환기를 맞고 있는 전기공사업계

1983년 설립 이래 업계 발전을 위한 주요사업을 전개해온 전기공사공제조합은 현재 전국 18개 지점에 6개 출장소의 1만3500여 회원사로 구성된 전국 조직으로 성장했다. 자산규모만 1조4500억에 달하는 거대한 조합으로 성장, 발전했다. 설립 초창기 열악한 여건 속에서도, 전기공사공제조합법을 제정하고 출자금을 모아 조합원의 신뢰를 얻고, 오늘날의 조합이 있기까지는 역대 이사장님과 임원들 그리고 업계를 이끌어나가는 여러분의 노고와 고뇌가 깃들어 있을 것이라 생각 되어, 새삼 감사의 마음을 느낀다. 하지만 이러한 전기공사공제조합은 급변하는 외부환경으로 인해 중대한 전환기에 놓여 있다. 지금까지의 성과에 안주하는 대신 미래 전기공사업계의 발전을 위해 또 다른 초석을 다져야 할 새로운 출발점에 놓여 있다.

금융시장의 저금리 기조는 조합원들의 자산을 안정적으로 지켜주는 동시에 수익도 함께 내야 한다는 목표를 달성하기에 대단히 어려운 과제를 던져주고 있다. 현재와 같은 제로금리 시대에는 조합의 자금운용 수익이 줄어들기 때문에 이 부족분을 어디서, 어떻게 충당할 것이냐의 문제이기도 하다.

조합의 기금 운용의 제일 원칙은 '안정성'이다. 나는 부가가치가 높은 곳에 투자해서 수익을 내는 것도 중요하지만 조합원들의 재산을 축내지 않는 안정적인 운용이 첫 번째 덕목이라고 생각한다. 특히 요즘과 같은 불확실한 시기에 수익률의 허상에 빠지게 되면 10개의 재산을 11개로 늘리려다 오히려 8개나 7개로 줄이는 우를 범할 수 있기 때문에 최대한 안정적으로 기금을 운용해야 한다는 것이 나의 견해다.

건설시장의 산업구조 조정에 따른 시장 변화의 가속화도 업계 전반의 변화와 혁신을 요구하고 있다. 이럴 때는 조합이 앞장서서 조합원사들이 급변하는 경영환경에 잘 적응할 수 있도록, 기업의 체질 강화를 도와야 한다. 특히 조합원사들이 세계시장에 진출할 수 있는 경쟁력을 갖출 수 있도록 기업규모나 전문영역에 따른 다양한 방안을 제시해야 할 것이다.

나는 국내 전기공사 전문업체들이 세계시장에 진출해서 경쟁하는데 필요한 보증문제를 해결하도록 방안을 강구하고자 한다. 대기업이 주도하는 대형 프로젝트의 협력 하도급업체로 해외에 진출하는 것은 진정한 의미의 글로벌 경쟁력을 갖추었다고 볼 수 없다. 이제 우리 전기공사 전문업체도 해외시장에서 당당히 독자적인 경쟁력으로 규모의 경제와 글로벌 경쟁력을 갖춘 현지화된 업체로 성장해야 될 것이다.

열심히 땀 흘려 일한 조합원들이 사업을 키울 수 있는 공정한 시장 구조를 만드는 데 조합이 앞장서고, 투명하고 성실하게 일하는 기업이 힘을 얻을 수 있는 공정한 시장문화가 확산될 수 있도록 뒷받침해야 한다는 생각이다.

어떤 산업이 발달하려면 법과 행정, 시장이 잘 만들어지고 유기적인 활동들이 이루어져야 하는데, 가장 중요한 것은 시장을 구성하는 주체들이 시장이 건전하게 돌아가도록 다 같이 노력해야 한다는 것이다. 총량이 100이라 하더라도 시장이 혼탁해지면 전체 파이가 60~70으로 줄어들게 된다. 시장은 전기공사업계의 구성원들이 스스로 창출하고 만들어가야 한다. 공정하고 밝은 시장을 만들도록 노력하고 그러한 일들에 전기공제조합이 일조할 수 있도록 해야 할 것이다. 무엇보다 안전과 품질 위주로 시장이 만들어진다면 전문업체는 물론 소비자인 국민들도 안전하고 편리하게 전기를 사용할 수 있을 것이다. 오늘날의 경제환경은 고성장의 시대가 지나고 저성장의 저금리 시대로 급격히 전환되고 있다. 또한 경영환경이 악화되고 있음을 고려해 리스크 관리에도 신경을 많이 써야 할 것이다. 부실 채권이 발생할 경우에 대비한 자산 및 자금운영의 시나리오별 대응방안을 마련하는 것도 고려해야 한다. 유관기관과의 협력을 통한 전기공사업의 발전 역시 광범위하게 더 적극적으로 모색해야 할 것이다.

조합 정관에는 있지만 아직까지 본격화되지 않은 기자재 알선 사업도 부단한 연구를 통해 제대로 시행한다면 조합원사들의 경쟁력 제고를 위한 훌륭한 서비스가 되리라 생각한다.

각종 보증이나 공제 업무에서도 개선이 필요하다는 지적이 많다. 특히 상호보증에서 신용보증으로 가는 길을 넓혀주면 회원사들이 좀 더 편하게 사업을 할 수 있을 것이라는 의견도 많다. 많은 조합원이 원하는 방향이므로 면밀한 연구와 검토를 통해 개선해나가야 할 것이다.

이 같은 환경변화는 앞으로 마련될 조합의 정책이 모든 회원사의 성장과 안정을 도울 수 있는 미래지향적이고 발전된 방향으로 나아가야 하는 이유이기도 하다. 때문에 조합은 효율 경영을 위한 새로운 경영기법을 도입하는 등 변화와 혁신을 통해 한 차원 높은 서비스를 제공해야 할 것이다.

업계 발전을 위한 '진정한 리더십'

전기공사 면허를 가진 모든 조합원은 경쟁자이기 이전에 동업자들이다. 조합은 영세한 규모의 기업이라 하더라도 열심히 일하면 기업을 성장시킬 수 있는 시장환경을 조성하기 위해 노력해야 한다고 생각한다. 대주주 조합원과 소주주 조합원 모두 소중한 조합원사이기 때문에 똑같은 대접을 받는 것은 물론 각자의 권리를 보장받아야 할 것이다.

조합원은 최상의 서비스를 받을 권리를 갖고 있는 조합의 주인이다. 주인인 조합원을 찾아가는 서비스를 구현시켜야 한다. 또한 지속적인 교육을 통해서 조합 임직원들의 고객 서비스 향상과 업무의 전문성을 제고시키는 혁신적인 교육 프로그램을 마련, 실천해나가야 할것이다. 경쟁력 강화를 위해 조합원사가 원할 경우 회계 등 경영컨설팅을 제공할 수 있는, 우리 업계만을 위한 매뉴얼이나 시스템도 만들고 싶다. 예산의 집행 역시 조합원들이 불편해하는 부분과 꼭 필요한 부분을 구분하여 적극적으로 증감시키는 선택과 집중이 필요할 것이다.

이 모든 것을 가능케 하려면 역시 리더의 의지와 역할이 중요하다. 사실 조합이사장은 조합의 설립목적과 정관에서 규정한 것에 부합하는 경영활동을 하되 윤리적으로 깨끗하고 조합원에게는 겸손한 자세로 본연의 임무와 책임을 다해야 한다. 사적인 마음을 모두 버리고 공적인 마음으로 책무를 대해야 한다. 만약 내게 업계를 위해 앞장서서 봉사할 수 있는 기회가 주어진다면 나는 여기서 한발 더 나아가 희생적 리더십을 실천하고자 한다.

나는 모든 것을 내려놓고 오로지 업계 발전을 위해 봉사하고 희생하는 자세를 견지해 회원 상호간 공조를 이루면서 업계를 발전시키기 위해 노력할 것이다. 특히 전기공사협회와는 공동목표를 설정하고 최고의 협조체제를 유지할 것이다. 아울러 산, 학, 연 관계도 조화롭게 발전시켜 우리 업계의 발전을 위해 최선을 다해야 한다고 생각한다. 또한 더 낮은 자세로 새로운 업계의 미래를 열기 위해 앞장설 것이다. 헌신적인 자세와 솔선수범으로 조합의 임직원들이 회원서비스를 위해 앞장서서 일할 수 있는 조합을 만들기 위해 노력할 것이다. '조합의 리더가 되더니 점점 회원사들과 멀어진다'는 말이 나오지 않도록 끊임없이 소통해 조합원사들의 이해와 요구를 조합 운영에 적극 반영할 것이다. 또한 조합이사회를 '제대로 일하는' 이사회로 활성화시켜 현안에 대해 다양한 논의가 이뤄지고 토론하는 문화를 정착시킬 것이다. 이를 통해 최선의 의사결정을 하고 결정된 사안은 바로 실행하며, 개선하는 과정을 거치면서 경영활동을 효율화시킬 것이다.

30여 년이 넘는 연륜을 갖춘 조합의 축적된 강점과 승계해야 할 업무성과는 더욱 발전시켜나가고, 비효율적이거나 비합리적인 관행과 문화가 있다면 과감히 개선해나가고, 또한 열심히 일할 수 있는 전문가들을 적극 초청해 업계 발전을 위한 싱크탱크로 활용할 것이다. 내가 부족한 부분은 관련 전문가들의 의견을 구한 후 임원진과 논의해서 실행하고, 그간 업계에서 갈고닦은 효율 경영을 조합에 접목해서 수익 창출과 비용 절감의 성과를 내기 위해 노력할 것이다. 주위의 여러분이 지금껏 내가 살아온 과정을 곁에서 직접 보았기에 나의 진정성을 신뢰해 주시리라 믿는다.

21세기 지식정보화 사회의 기업윤리는 단순히 이윤 추구에 머물지 않고 그 이상의 사회적 책임을 요구하고 있다. 이미 2000년대 초반 전기공사업계는 정도 경영을 선포하고 새로운 시대에 걸맞은 기업윤리를 확립하는 등 도약을 위한 힘찬 발걸음을 내디딘 바 있다.

나는 우리 전기업계가 정도 경영에 충실한 기업집단으로 평가받기를 원한다. 타 업종의 기업집단으로부터 '조합의 적극적인 회원서비스와 정도 경영을 통해 높은 성장률을 기록하는 모범적인 기업으로 가득한 기업집단'이라고 평가받게 되길 소망한다. 전기공사업에 종사하는 기업과 기업인, 기술자들이 높이 평가받고 진정으로 사회적 존경을 받는 그날이 오기를 손꼽아 기다린다. 그런 날이 온다면 업계 모든 종사자에게 큰절을 올리겠다. 업계 모두의 도움으로 내 인생 마지막 사명을 완수했다는 환희에 찬 큰절을 말이다.